EMPREGOS, FÉRIAS, COMPRAS E ROBÔS

organização
EDSON ANTÔNIO

Grafia atualizada segundo o Acordo Ortográfico da Língua Portuguesa de 1990, que entrou em vigor no Brasil em 2009.

Edição: Felipe Damorim e Leonardo Garzaro
Arte e Diagramação: Vinicius Oliveira
Revisão: Ana Helena Oliveira, Lígia Garzaro e Diogo Santiago
Preparação: Leonardo Garzaro

Catalogação na publicação
Elaborada por Bibliotecária Janaina Ramos – CRB-8/9166

E55

Empregos, férias, compras e robôs: como tudo o que fazemos está ligado a redes digitais, sensores e muita Inteligência Artificial / Edson Antônio, Tim Wisel, Clerinsom Sant'ana, et al.; Edson Antônio (Organizador) – Santo André - SP: Rua do Sabão, 2021.

Outros autores
Rafael Lychowski
Rebecca Barros
Esteban Walter Gonzalez Clua
Francisco Aparecido

180 p.; 14 X 21 cm
ISBN 978-65-86460-34-6

1. Inteligência artificial. 2. Tecnologia. 3. Algoritmos. I. Antônio, Edson. II. Wisel, Tim. III. Sant'ana, Clerinsom. IV. Antônio, Edson (Organizador). V. Título.

CDD 006.37

Índice para catálogo sistemático
I. Inteligência artificial

[2021]

Rua da Fonte, 275, sala 62 B,
09040-270 — Santo André — SP

www.editoraruadosabao.com.br
/ editoraruadosabao
/ editoraruadosabao
/ editoraruadosabao
/ editorarua
/ edit_ruadosabao

EMPREGOS, FÉRIAS, COMPRAS E ROBÔS

COMO TUDO O QUE FAZEMOS ESTÁ LIGADO A REDES DIGITAIS, SENSORES E MUITA INTELIGÊNCIA ARTIFICIAL

organização
EDSON ANTÔNIO

INTRODUÇÃO: PARADIGMAS E NOVOS NORMAIS

Edson Antônio

Ecossistemas complexos, como cidades e países, giram em torno de serviços e exercícios de poder. Trata-se de uma dinâmica em que a prosperidade das cidades depende da instauração de práticas das quais se espera que mantenham a ordem e sirvam de suporte à sustentação do próprio sistema. Ora, uma vez que há consenso sobre tais poderes, desaparecem – ao menos em larga escala – os debates sobre a maneira de exercê-los.

Assim, não são comuns os debates, por exemplo, sobre a substituição do poder policial por outra forma de poder coercitivo; ou sobre a substituição dos atuais prefeitos e governadores pelos duques e reis regionais de outrora. Uma vez que há consenso num regime de poder, fica improvável que sejam feitas propostas visando a inová-lo. Na esfera pública como na privada, quando um grande grupo estabelece consenso, a resistência diante de mudanças nas formas de atribuição e exercício do poder aumenta.

Outrora, certificados de cursos técnicos bastavam a quem ocupava cargos de liderança. Hoje em dia, é inadmissível, nas grandes corporações, que um profissional ocupe um cargo de gestão ou liderança sem que possua um diploma universitário e uma pós-graduação. Por melhores que fossem em suas áreas de atuação, profissionais que exerciam papéis de gestores tiveram que adaptar-se ao movimento de graduação: caso contrário, perdiam sua posição de liderança para um profissional menos experiente – que, no entanto, atendia às exigências acordadas pelo senso comum. Neste contexto, as oportunidades de assumir posições relevantes nos diversos quadros de um competitivo mercado seguem o padrão estabelecido – salvo em caso de mudança relevante no contexto social.

Grandes mudanças sempre oferecem oportunidades de transferência de poder. Grandes conglomerados vão à falência – e pequenas empresas de fundo de quintal, lideradas por jovens de calça rasgada e cabelo espetado, tomam o cenário. É com as mudanças de contexto que vêm as oportunidades de transferência. Numa guerra, são as mudanças abruptas de contexto que promovem o recruta a major. A mesma lógica permite que jovens profissionais escalem velozmente montanhas corporativas, e se tornem líderes seniores aos trinta anos – sem isso, precisariam aguardar até que seus superiores se aposentassem.

Em grande medida, mudanças abruptas de contexto estão associadas aos avanços na descoberta e na padronização de novas tecnologias. À medida que esses avanços se consolidam, há mudança de era – com seus impactos consideráveis na forma de percebermos o mundo, de lidarmos com seus desafios e enxergarmos nosso papel. Profundas, essas mudanças podem gerar alterações físicas nos indivíduos a elas sujeitos. Um estudo da universidade de Zurique avança, por exemplo, que nossa capacidade de articular as vogais "F" e "V" resultaria de um afinamento da mandíbula, provocado pelo aumento na ingestão de alimentos macios, pouco comuns antes do advento de uma tecnologia que impactaria a história das civilizações: a agricultura.

Naturalmente, a maior parte das gerações compartilha uma mesma rotina, e acessa às mesmas tecnologias – que variam em termos de capacidade de funcionamento, não de paradigma. Quem nasceu antes do salto tecnológico do setor das telecomunicações deve lembrar a revolução que foi comunicar com alguém do outro lado do planeta depois de ter simplesmente discado um punhado de números e aguardado alguns segundos que a conexão fosse realizada pela operadora. Ainda que as gerações posteriores tenham presenciado um aumento da qualidade dessa conexão e uma redução dos custos das ligações, o paradigma se manteve. Apenas uma geração terá vivido a passagem do mundo sem conexões à distância à aldeia global – inúmeras outras terão somente presenciado a evolução desse processo. Para uma geração, o paradigma foi quebrado; às demais, os resultados dessa quebra foram alavancados.

Quais gerações sofrem maior impacto com essa quebra de paradigma? A primeira, que presenciou a mudança de mundos? Ou as demais, que vivem na plenitude do funcionamento da nova tecnologia?

Se pensarmos na época dos nossos ancestrais que inauguraram a pronúncia do "V" e do "F", podemos admitir que, em vez dos primeiros agricultores, foram os seus descendentes que viveram os maiores impactos da agricultura enquanto nova tecnologia. Afinal, foi necessária uma mudança física antes que esses novos fonemas pudessem ser pronunciados. Podemos nós, todavia, admitir que o mesmo acontece em todas as inovações?

Antes de responder a esta pergunta, importa pensar se ela faz sentido. A premissa para formulá-la é que continuamos tendo progressos tecnológicos em nosso mundo. Mas, é isso verdade? Ou será que paramos de progredir tecnologicamente? A tecnologia que nos cerca continua mesmo evoluindo e exigindo que nos adaptemos e preparemos nossos filhos para mundos novos, ou estaria ela entrando numa fase de desaceleração? Uma pista de resposta pode ser encontrada na nossa ideia de futuro. Recordo que quando eu era criança, imaginávamos o futuro com carros voadores e metal, muito metal, por todos os lados. Confronto tal recordação às palavras recentes de Peter Thiel, cofundador do *PayPal*, quando ele se refere às redes sociais: "pedimos carros voadores e tudo que ganhamos foi cento e quarenta caracteres".

Podemos confrontar a afirmação de Peter àquela que pretende que os tais avanços estão aí: esperávamos carros voadores e temos drones. Afinal, um homem com aparência semelhante à do Duende Verde voou recentemente num desses engenhos pelo centro de Nova Iorque, até ser parado pela polícia – a qual pode constatar que, felizmente, ele não carregava granadas em forma de abóbora. Em verdade, a expectativa era que tivéssemos carros voadores no ano 2000 – portanto, temos, na melhor das hipóteses, vinte e um anos de atraso. Ora, se quisermos ser sinceros, não podemos dizer que temos carros voadores: apesar de ser viável, não é uma realidade. E é precisamente para esse ponto que importa olhar.

Notemos que capacidade de construir algo inovador não significa capacidade de integrar uma construção inovadora à sociedade. Temos tecnologia suficiente para, com um pouco de esforço, construirmos os hologramas de *Star Trek*, os sabres de luz de *Star Wars*, os skates voadores de *De Volta para o Futuro* e, com certeza, já temos aparelhos de celular melhores do que os exibidos nesses shows.

Por que, então, esses produtos não mudaram nossas vidas como esperávamos? As inovações tecnológicas que alteram nosso quotidiano e geram a mudança de contexto a que nos referimos acima estão associadas à forma de interagirmos como sociedade: integração entre grupos; conversa por celular entre pais e filhos em caso de distância; publicação por filhos afastados de fotos de seus filhos a serem vistas pelos seus pais quando estes acessarem à rede social virtual. Em suma, a receptividade de tais mudanças tecnológicas é tanto mais alta quanto elas promovem nosso bem-estar.

Que prefere você, um sabre de luz superpotente ou um fone de ouvido *wireless* que se adapta ao seu ouvido com alta qualidade de som e bloqueio de ruído externo? Talvez, durante um dia ou dois, você ache legal cortar coisas com seu sabre de luz; porém, quando pensar de maneira prática, escolherá o fone de ouvido. Assim, após termos hesitado entre um carro voador e uma rede social, terminamos por escolher a rede. Pensamos nos motivos óbvios da conexão com amigos de escola e parentes – que são, em verdade, os menores motivadores.

É que as redes sociais dão voz a grupos minoritários; e permitem, a partir da simples criação de um perfil, que pequenos fornecedores, outrora restritos a seu entorno, divulguem seus produtos em larga escala. O impulso a divulgar produtos e ter acesso a bens consumíveis deu a produtores e compradores uma escala de compras tão grande que novas empresas de logística surgiram para garantir que a entrega desses produtos fosse bem feita. O mundo foi ficando um lugar cada vez mais conectado e as necessidades individuais atraindo sobre si cada vez mais holofotes.

Quando eu era criança, esperava a semana inteira por um programa de televisão sabendo que devia estar presente na hora exata anunciada pela emissora, caso contrário o perdia. Em seguida, passei a gravar em fitas VHS meus programas favoritos; no entanto, se no momento da gravação faltasse luz, eu perdia o episódio. Era eu quem precisava me adequar à programação da emissora, não o contrário.

As crianças de hoje assistem a seus programas favoritos em aplicativos de *streaming*, na hora e no dia que preferem. E, enquanto assistem a um episódio, algoritmos de Inteligência Artificial coletam dados destinados a gerar proposições de títulos similares e, por conseguinte, a aumentar a chance de que o aplicativo permaneça em uso. Quando desvencilham-se da *Smart TV*, percebem que seu *tablet* ou *smartphone* está piscando, para informar sobre a publicação do novo vídeo do seu *youtuber* favorito. O algoritmo terá aprendido que esta é a hora de maior utilização do aplicativo e envia mensagens para que o usuário não deixe de utilizá-lo.

É um mundo em que cada um é rei de seu próprio reino. Os interesses e opções de cada um são únicos e cada um é distinto de todos os demais. Será? É inegável que estamos vivendo uma nova revolução: a revolução digital, orquestrada e guiada pelos dados, que decidem e dirigem. Entenda-se por dados os pedaços de informações que você produz no seu dia a dia. Quando você dá bom dia para a sua assistente digital, quando você faz uma pesquisa on-line, ou quando você digita no seu celular, está fornecendo os seus dados, os seus padrões.

Você sabia que o seu celular aprende à medida que você digita? Escreva a palavra "vamos" e comece a escolher as opções que ele lhe oferece. Sim, você vai perceber que são palavras e sentenças que você geralmente escreve. Ele aprendeu com o seu padrão para lhe sugerir esses mesmos padrões e "facilitar" a sua escrita. Até aqui, podemos dizer que esses padrões parecem únicos. Decerto. Mas, o que acontece quando começamos a usar esses padrões de forma restritiva? Quais são, por exemplo, os padrões de alguém que não paga em dia seus empréstimos bancários?

Suponhamos que a interpretação dos dados do conjunto de clientes de um banco durante dez anos tenha levado um grupo de engenheiros a determinar que, uma vez associados, os critérios "renda líquida", "tempo de desemprego" e "classe social" determinam o perfil de um inadimplente. Com base nessa associação, algoritmos passarão a decidir quem pode ou não receber empréstimo do banco. A partir daí é simples: o bancário aperta um botão e, segundos depois, o "robô" responde *sim* ou *não* ao seu pedido de empréstimo.

Bom, você deve pensar: classe social? É justo que minha classe social diga algo sobre minha adimplência? Penso que não. Mas não sou eu quem regula os resultados de pesquisa de padrões de algoritmos de Inteligência Artificial. Quem os regula, então?

Novas políticas como a LGPD (Lei Geral de Proteção de Dados) procuram oferecer caminhos para essa regulamentação e esclarecer publicamente as decisões tomadas pelos órgãos cabíveis. É neste ponto, em que nossos dados se tornam propriedade de sociedades cujo objetivo é regular indivíduos, que nossa sensação de individualidade é desafiada. Quais são as outras situações quotidianas em que posso deparar-me com tal desafio? Que profissões são mais afetadas em tal cenário? Não nos deixemos atropelar pelas inovações de nosso tempo. Conhecer e antecipar as mudanças: eis a melhor forma de se preparar para essa nova era e aproveitar a oportunidade de transferência de poder.

Tanto as gerações que vivem mudanças de paradigma quanto aquelas que as sucedem se devem preparar para o que já existe bem como para o que está por existir. Este livro oferece um panorama das revoluções tecnológicas – atuais e vindouras – assim como pistas de como lidar com cada uma delas e extrair o melhor que têm a oferecer.

Para colaborar com a gente, convidei um grupo de amigos. São especialistas de mercado em tecnologias digitais e líderes em seus segmentos que, além de participarem ativamente das ditas revoluções, as veem de dentro para fora. Cada um chega para compartilhar visões, percepções e lições; tudo no intuito de ajudar-nos no caminho desse novo mundo, caminho pavimentado de dados e dígitos.

Pegue um café, e vamos começar nossa jornada...

Para Refletir...

Quais são as forças motrizes da revolução vigente? O que fez nosso mundo mudar tão abruptamente em poucas gerações? Quais são os pilares desse novo mundo?

Mais que conhecer estes pilares, importa saber se sabemos lidar com este novo mundo.

Nossos usos e costumes mostram que temos muito a aprender. Como alguém criado em um país com histórico de espionagem durante a Segunda Guerra reagiria, por exemplo, à nossa atual propensão – livre e leve – a fornecer gratuitamente nossos dados pessoais a um balconista que propõe criar nosso cadastro na farmácia da esquina?

No capítulo seguinte, abordamos, num primeiro momento, a questão dos três pilares que suportam o mundo atual e, em seguida, debatemos expectativas de futuro. Devemos temer a Inteligência Artificial?

CAPÍTULO 1

O MUNDO ATUAL E SEUS PILARES TECNOLÓGICOS

Tim Wiesel

Para começar, definiremos o “mundo atual” que estamos tratando. De forma geral, falaremos sobre o agora, ou seja, sobre uma época em que a tecnologia já está incorporada em nossas vidas e nos permite realizar tarefas que, poucos anos antes, eram inimagináveis. Um mundo fluído e dinâmico em que para sobreviver é preciso se adaptar.

Neste mundo, nossos filhos estão acostumados com aplicativos de *smartphone*, que eles podem reconhecer, transformar, e com os quais podem, ao mesmo tempo e em tempo real, adicionar bigodes de gato à imagem de seu próprio rosto – no mundo de ontem, passaríamos a noite programando com o *Macromedia Flash* para fazer algo parecido. O mundo atual é um mundo no qual minha garrafa d’água envia mensagens informando a hora em que devo hidratar-me novamente. E – com base na minha localização (Alto da Boa Vista, Rio de Janeiro), na temperatura de 38ºC e na baixa umidade (muito baixa para um mês que, na verdade, pertence à estação das chuvas) – avisa-me que às 15:26h só atingi 47% da minha necessidade diária de água. É um mundo no qual as empresas de tecnologia parecem ter decidido que um telefone celular é um retângulo preto com cantos arredondados, deixando com isso de nos seduzir com *designs* ousados – quem ainda se lembra do primeiro telefone que dobrava, do telefone deslizante, da tela colorida e da corrida pelo celular menor e mais fino? Um mundo no qual a comida não é o que parece e tem gosto do que não é. Um mundo em que os dias do motor a combustão já estão contados – e, por conseguinte, os do sonho de possuir um V8. Um mundo no qual o acesso às matérias-primas, aos alimentos e à água doce tornou-se uma questão estratégica, no qual a sustentabilidade e a otimização das necessidades desempenham um papel importante.

Há certo consenso sobre marcos temporais que representam o "mundo de ontem". Por exemplo: a Antiguidade; a Idade Média; o início dos tempos modernos, com o tempo das descobertas; o Renascimento; os tempos modernos mais recentes, divididos em revoluções, industrialização, época das guerras mundiais, guerra fria e globalização. Talvez, inclusive, você tenha chegado a um nome para o "mundo de hoje", como: *era da digitalização*; ou, *era da Internet*.

No entanto, ainda não existe qualquer consenso sobre o assunto. Aqueles que viveram nos anos 80 (Guerra Fria) e 90 (globalização) podem fazer rapidamente a lista do que mudou desses períodos até hoje.

Para além de tais considerações, vale refletir acerca dos pilares tecnológicos sobre os quais o "mundo de hoje" se apoia. Segundo o dicionário, a palavra "pilar" designa uma coluna simples que sustenta uma construção. No sentido figurado, "pilar" designa ainda sustentáculo moral; base, fundamento.[1] Assim, a resposta à pergunta procurando saber o que sustenta o "mundo atual" é relativa, e diferiria de um médico para um engenheiro ou programador.

Neste capítulo, restringiremos o uso do escopo de nossa análise às tecnologias de informação. Ainda que nossos instrumentos não bastem para explorarmos todos os detalhes na constituição desses pilares, os observaremos, analisaremos sua estática e sua capacidade de carga. Tomara que seja do seu agrado.

Pilar 1: Redes

É impossível imaginar o mundo de hoje sem a Internet e sua acessibilidade. A rede foi disponibilizada comercialmente em 1990; o acesso ainda era caro e a conexão lenta no início

1 Disponível em: www.dicio.com.br/pilar/.

dos anos 2000: era necessário um computador razoavelmente atual e pelo menos uma conexão telefônica (que era completamente ocupada pela Internet). Não sei se você se recorda, mas, dependíamos de um CD-ROM, que vinha com uma revista, e um "pacote de instalação para acesso à Internet"; de um provedor online americano; e de vários *softwares* inúteis que tornavam o *Windows 95* mais instável do que já era. Reduzindo obstáculos e custo, *smartphones* e redes móveis de alta velocidade tornaram a Internet acessível a uma parcela maior da população. Nesse processo de popularização, a Internet passou a permitir uma conexão praticamente ilimitada de pessoas, conteúdos e instituições de forma descomplicada, interessante e envolvente, mesmo para pessoas mais velhas e com menos experiência técnica. Tornou-se possível encontrar antigos colegas de escola; trocar informações com usuários do outro lado do globo sobre nutrição, roteiros de viagem e assuntos do dia a dia; trocar mensagens em tempo real praticamente de graça; e se comunicar em HD via vídeo. Em nossas inúmeras redes sociais, podemos discutir, planejar e realizar tarefas simultâneas com grupos de amigos ou funcionários, e ter acesso a infraestruturas e conexões após alguns cliques de *mouse* ou toques de tela. Dentro do metrô no Rio de Janeiro, descobrimos que nossos vizinhos participaram de um curso de mergulho em Pernambuco; inserimos um *emoji* nos comentários, damos um *like* e abrimos o *link* para a próxima videoconferência, pouco antes da conexão 4G cair para 3G na estação final do metrô – neste caso, as plataformas de comunicação mantêm a chamada *on hold* e restabelecem a conexão assim que a cobertura do celular melhora: ufa! – espero que meu chefe não tenha percebido que perdi quarenta e cinco segundos de sua apresentação *online*. Depois, eu assisto à gravação, que está disponível via *streaming* imediatamente após a chamada. Não apenas pessoas, instituições e conteúdos criados pelo homem estão agora ligados em tempo real: máquinas, dispositivos e até prédios estão conectados à rede e podem comunicar o seu estado, suas necessidades – e muito mais – na Internet das Coisas (*Internet of Things* – IoT).

Essas e muitas coisas da vida cotidiana, privada e profissional, se tornaram parte indispensável do “mundo de hoje”. Durante a pandemia de Covid-19, as redes digitais contribuíram especialmente para o “mundo de hoje” – para que o que nele se move não parasse por completo. A rede permite o trabalho em equipes distribuídas, *homeschool* e treinamentos remotos, o controle e a coordenação de cadeias de suprimentos (incluindo rastreamento ao vivo da entrega da pizza que espero receber logo). O acesso à rede é hoje disponível vinte e quatro horas por dia, sete dias por semana; e a troca de dados e conteúdos se faz em tempo real – a qualquer hora e em quase qualquer lugar. Ora, se a conexão 4G em uma única antena que projeta seu sinal por vários quilômetros quadrados possui várias vantagens e é um facilitador tecnológico para uma série de novos serviços e produtos, ela também traz desvantagens.

O consumo de mídia social por adolescentes de 13 a 17 anos aumentou drasticamente de

34% para 70% entre 2012 e 2018, como mostra um estudo publicado nos Estados Unidos da América.[2] Um estudo brasileiro de 2020 chegou a uma conclusão semelhante.[3] A preferência pelo contato pessoal direto diminuiu significativamente em detrimento da comunicação por mensagens de texto. Portanto, não é fruto da imaginação dos adultos que crianças agora tendem a se sentar lado a lado em silêncio com um *smartphone* na mão, em vez de encenar uma batalha épica com figuras de plástico *He-Man* e *Skeletor*. Se na substituição do contato físico direto por contatos virtuais podemos ter a impressão de "não estarmos a sós", estudos mostram[4,5,6,7], no entanto, que jovens habituados a poucos contatos sociais diretos e a um uso pesado das mídias sociais se sentem particularmente solitários ou reagem demasiado sensivelmente ao *feedback* de um conteúdo que publicam. O acesso permanente à rede também pode causar distúrbios do sono, perda de desempenho e depressão.[8] Todavia, o grande aumento do uso das redes sociais virtuais e da oferta de tecnologias é um fenômeno relativamente novo, de modo que não existem estudos de longo pra-

---

2 Disponível em: https://bit.ly/3lqXWlF e em https://bit.ly/3ltdQMr.

3 Disponível em: https://bit.ly/3lvmSIS.

4 Twenge, Spitzber, Campbell (2019). "Less in-person social interaction with peers among U.S. adolescents in the 21st century and links to loneliness." Disponível em: https://bit.ly/3iPkZF4.

5 Disponível em: https://bit.ly/3Dwe2ki.

6 Disponível em: https://bit.ly/2YHwvv9.

7 Disponível em: https://bit.ly/3FxzEyq.

8 Lemola, S., Perkinson-Gloor, N., Brand, S. et al. "'Adolescents' Electronic Media Use at Night, Sleep Disturbance, and Depressive Symptoms in the Smartphone Age. J Youth Adolescente 44, 405–418 (2015)." Disponível em: https://bit.ly/3lr1rIQ.

zo sobre seus reais efeitos no desenvolvimento físico e psicológico dos jovens, ou no desenvolvimento social.

As redes e plataformas digitais criaram novas funções e profissões, como influenciadores, blogueiros ou *YouTubers*. Hoje é possível para um indivíduo alcançar e mobilizar milhões de pessoas com suas publicações, colaborar além fronteiras e oceanos e desenvolver ideias ou produtos em conjunto. Trata-se, decerto, de um mundo de possibilidades construtivas; mas também de uma plataforma para disseminação de conteúdo inadequado – propagandas, teorias da conspiração e todo tipo de dogma.

A vinculação permanente de usuários, componentes e conteúdos via redes digitais é, portanto, um pilar tecnológico de sustentação do mundo atual. Cada interação entre componentes e usuários e o conteúdo criado e compartilhado por eles gera dados. Dados a serem transmitidos e armazenados. Isto nos conduz ao segundo pilar tecnológico da atualidade.

Pilar 2: Dados e capacidade de armazenamento

Por aqui, também, o leitor que era criança nas décadas de 1970 e 1980 pode fazer boa comparação entre o mundo de hoje e o de ontem. Lembra do comando abaixo?

LOAD "*",8,1

RUN

Trata-se de um comando utilizado para carregar, no *Commodore C64*, uma unidade de disquete de 5 ¼. 166 Kbytes de capacidade de armazenamento: na época, esse comando representava uma conquista inacreditável. Somente a parte traseira do disquete podia ser usada para armazenamento – e isso após ter sido perfurado o orifício especial localizado na sua borda esquerda, senão ele permanecia protegido. A velocidade de carregamento era de cerca de trezentos *bytes* por segundo. Isso também tinha suas vantagens: durante as noites de jogatina no computador com os amigos, aquele que ia à loja comprar uma nova rodada de *Coca-Cola* (em garrafas de vidro) e batatas fritas não perdia nada.

A capacidade de armazenamento do meu surrado *smartphone* (projetado na Califórnia, montado na China) é cerca de cento e trinta e cinco milhões de vezes maior que a do velho disquete, com uma velocidade de gravação trezentos e vinte e seis mil vezes mais rápida. Toda essa capacidade é necessária no "mundo de hoje", e é rigorosamente medida. Afinal, tudo o que fazemos hoje gera dados. O histórico do *GPS* (caso a função não seja voluntariamente desativada) é diretamente transmitido para o fabricante da plataforma do telefone móvel, e lá armazenado. Aplicativos de mídia/rede social baixam dados em segundo plano e penetram a memória interna do telefone com os memes mais recentes e as mensagens de "bom dia" de vários grupos. O volume mensal de dados por conexão móvel na Alemanha cresceu de uma média de 27 MB em 2009 para cerca de 3 GB em 2020.[9] Esses conteúdos, esses dados de negócios, gerados por máquinas e dispositivos em rede, são armazenados, arquivados, processados, preparados e disponibilizados para acesso / consumo – às vezes sem que o percebamos diretamente ou saibamos em que lugar do mundo isso está realmente acontecendo.

O volume de informações disponíveis em todo o mundo dobrava normalmente a cada duzentos anos. De acordo com o *Global DataSphere Forecast* da IDC,[10] mais de cinquenta e nove zetabytes (ZB) serão criados, copiados e consumidos em 2020. A quantidade de dados gerada nos próximos três anos excederá o volume total de dados dos últimos trinta anos. A parcela dos dados empresariais aumentará em mais de 50%. Esse crescimento exponencial se deve principalmente ao compartilhamento e cópia de informações. A parcela de dados "originais" ou "exclusivos" terá aumento aproximado de 10% do volume total de dados globais. O estudo "*The Digital Universe of Opportunities*",[11] realizado em 2014 pela IDC em nome da EMC², estima em 44 zetabytes (ZB) o volume de dados gerados em 2020.

---

9 VTAM Consult (2020). Disponível em: https://bit.ly/3DssGZz.

10 IDC (2020). "IDC's Global DataSphere Forecast." Disponível em: https://bit.ly/3Dxobx5.

11 "EMC Digital Universe with Research & Analysis by IDC (2014)." Disponível em: https://bit.ly/3Drlblz, em https://bit.ly/3BufJy1 e em https://bit.ly/3iRo6cG.

Hoje, uma criança de sete anos tem mais informações à sua disposição do que um imperador romano no auge do Império; por volta dos nove ou dez anos ela tem acesso a mais informações do que as que Platão reuniu em toda a sua vida.[12] Todavia, nem todas as informações armazenadas hoje são úteis. Uma simples verificação da memória já sobrecarregada do *smartphone* nos permite constatar que apenas uma fração dos dados ali armazenados é realmente relevante e utilizável a longo prazo. Quantos memes, fotos de "bom dia" ou fotos trêmulas salvamos e não apagamos por conveniência ou por falta de tempo? "Depois deleto tudo que não preciso de uma só vez", pensamos com nossos botões. Mas, o "depois" nunca chega – em gesto semelhante àquele de pressionar sem parar o botão "soneca" de um despertador, adquirimos cada vez mais espaço de armazenamento em nuvem adicional, para a qual transferimos os dados antigos. Esse fenômeno, da vida privada, é comum também no ambiente de negócios. Como meio de controlar o volume de dados, em constante crescimento, são criados novos métodos de governança – suportados por tecnologias como *catálogos de dados*, que permitem a triagem e a marcação automática dos dados disponíveis em vários formatos.

Conforme será mostrado, os dados são matérias-primas, e só adquirem valor quando,

12 Augusto Cury (2015). "Ansiedade – Como Enfrentar o Mal do Século." Disponível em: https://bit.ly/2X3u31s e em https://glo.bo/3lpKPBc.

por meio da semântica correta, recebem um significado e se tornam informações. Por sua vez, as informações podem, por meio de uma contextualização, ser convertidas em conhecimento na Internet.[13] E o conhecimento, por intermédio de uma justa articulação de tais elementos, pode gerar sabedoria. Como diria Miles Kington: "Conhecimento é saber que tomate é fruta. Sabedoria é saber que não se deve usar um tomate numa salada de frutas."

E se a informação gerada não tiver a qualidade necessária, se for incompleta ou enganosa ou mesmo se tratar de "factos alternativos"?[14] Que tipo de conhecimento e sabedoria pode dela ser gerado? Devido à velocidade do crescimento e à pletora dos dados, é difícil determinar a qualidade, a precisão e a exatidão das informações disponíveis hoje. Estudos atuais, que se concentram em uma subárea limitada da medicina, revelam um quadro bastante preocupante: mais de 50% dos artigos sobre doenças cardiovasculares publicados nas redes sociais foram classificados como "enganosos" pelos pesquisadores.[15] Esses resultados são preocupantes, visto que mais de 40% dos cidadãos americanos adultos

---

13 Sharma, Nikhil (2008), "The Origin of Data Information Knowledge Wisdom (DIKW) Hierarchy." Disponível em: https://bit.ly/3anFaFh.

14 Definição de 2016, no século passado existiam – dependendo do contexto – os termos "desinformação", "manipulação" ou "mentiras".

15 A.A Ragab, J.T Arinze, F Akbulut, R Orji, "The assessment of the accuracy and credibility of cardiovascular health information on social media platforms", *European Heart Journal*, Volume 41, Issue Supplement_2, November 2020, ehaa946.3511. Disponível em: https://bit.ly/2YDEoRV.

hoje usam as redes sociais como uma importante fonte de informação sobre o assunto.

A informação correta é importante, estratégica, valiosa e tem um preço. Será reforçada diversas vezes neste livro a ideia de que os dados são um combustível, e viabilizam ofertas e serviços melhores e mais direcionados. Enquanto pessoa física, como devo lidar com informações e dados a respeito de mim, meu comportamento, meu ambiente, minha família e minha situação financeira? "Você pode digitar seu CPF por favor?" Na verdade não! Mas, posso conseguir um desconto na sunga infantil se informo à rede de moda internacional que sou uma pessoa claramente identificável em uma terça-feira às 12:47h na Tijuca, Rio de Janeiro, com um *Mastercard Gold*, e que provavelmente tenho um menino de 10-12 anos em casa? Que potencial de venda cruzada eu tenho? Ah! Não tem desconto! Só tem troca facilitada, sem recibo de sunga (que não dá para trocar)? Aí pressiono "cancelar" e prefiro ir direto ao processo de pagamento.

A consciência e o manuseio dos próprios dados pessoais são fortemente vinculados à cultura; portanto, as leis e diretrizes de cada país variam em restritividade (ou permissibilidade). Tendo crescido em um país cujos cidadãos foram – de 1933 a 1945 e, parcialmente, até 1989 – fortemente espionados e oprimidos por regimes ditatoriais, eu fiquei chocado diante da forma liberal como os cidadãos brasileiros entregam suas informações privadas. Atualmente, a iniciativa legal da LGPD (Lei Geral de Proteção de Dados) pretende adaptar os mecanismos brasileiros aos padrões de outros países democráticos. Afinal, a questão da proteção dos dados privados dos cidadãos não surgiu e nem surgirá em países com regimes autoritários, nos quais, aliás, armazena-se e analisa-se dados pessoais em tempo real caso não exista restrições ao uso (termos de privacidade e direitos pessoais).

Além da proteção dos dados privados, a proteção da propriedade intelectual representa um problema que não foi resolvido de forma satisfatória desde o final da década de 1990. Na época de LOAD "*", 8.1, o roubo de propriedade intelectual se resumia a uma pirataria descarada de *software* e jogos – o que era coberto pela legislação existente e era ainda um tanto controlável devido à falta de rede e armazenamento físico. Com o desenvolvimento dos pilares tecnológicos 1 (Internet) e 2 (armazenamento de dados), a indústria da música foi pega de surpresa pela extração de CDs, pela compactação em mp3 e pelas plataformas de compartilhamento de arquivos como o *Napster*. Com o avanço da tecnologia de armazenamento, o desenvolvimento de *codecs* de vídeo eficientes como o *DivX* e o aumento da banda larga, foi a vez da indústria cinematográfica enfrentar a pirataria de DVDs. Em todos os casos mencionados, os atos criminosos já são amplamente controlados por legislações internacionais. As discussões agora são sobre o fornecimento gratuito, sem o consentimento do proprietário das informações, de certos conteúdos, como livros e artigos, em mecanismos de busca ou plataformas de mídia social. De toda maneira, para gerar benefícios, os dados devem ser processados e utilizados, o que nos leva direto ao nosso terceiro pilar tecnológico.

Pilar 3: Capacidade de computação

O principal facilitador dessa mudança é a constante otimização das técnicas de fabricação na indústria de semicondutores. Núcleos de computação cada vez mais complexos e altamente integrados com estruturas cada vez menores são cada vez mais comuns. Isso resulta em menor perda de energia, menor consumo de energia e menor geração de calor. Esse avanço havia sido previsto em 1965 pelo cofundador da *Intel*, Gordon E. Moore, e é conhecido desde 1970 pelo nome de "Lei de Moore". Essa lei afirma simplesmente que o número de transistores que um microprocessador pode acomodar dobra a cada dois anos.[16,17] Para verificar esse fenômeno basta olhar para o processador do meu primeiro PC – um *Intel i486-DX2-66* (presente, no meu aniversário de 16 anos, da minha avó Frieda, que tinha ficado com pena de me ver datilografar um relatório escolar em uma máquina *Triumpf*, cuja fita escorregava toda hora), que

16 Disponível em: https://bit.ly/2YyfUJW.

17 Disponível em: https://bit.ly/30fySWH.

abrigava um pouco mais de um milhão de transistores –, e olhar para os mais de dez bilhões de transistores do *smartphone* de minha filha de 10 anos.

No "mundo de hoje", dispositivos portáteis como *smartphones*, *tablets*, e outros ainda menores, apresentam um poder de computação incrível, que pode, por exemplo, em uma *selfie* e em tempo real, adicionar orelhas de gato a um rosto humano, no lugar certo e no tamanho adequado. O meu *i486* demorava uma eternidade para, simplesmente, calcular uma sombra no *CorelDraw*! Hoje, posso carregar comigo meu órgão *Hammond B3* virtual de incrível qualidade no *tablet*, só para garantir um solo – talvez sinistro, mas sem estalos, sem congelamento. Naquela época, meu *i486* travou no dia que tentou reproduzir três faixas de áudio estéreo gravadas. Por conseguinte, teve que dar lugar à geração nova de CPUs de PC (eu ainda podia usar o *case* naquela época, para mostrar à avó durante visita sua que seu presente ainda me servia: o fato de um objeto tão caro já ter perdido a maior parte de sua utilidade depois de dois anos de uso e ter praticamente se tornado um lixo eletrônico teria certamente partido seu coração – como no caso de muitos da geração da Guerra Mundial).

O acesso à capacidade computacional é uma vantagem estratégica e já ajudou a decidir guerras mundiais no passado. Durante a Segunda Guerra Mundial, investimentos britânicos significativos e projetos secretos em Bletchley Park levaram ao desenvolvimento dos então supercomputadores *Bombe* e *Colossus*. Em 1941, já foi possível decifrar em poucas horas os então complexos procedimentos de criptografia *Enigma* e *Lorenz* das forças armadas alemãs, tarefa cuja execução levava antes várias semanas. Assim, foi possível tomar medidas contra os planos e movimentos do inimigo em tempo hábil.[18] Os sucessos britânicos nos ataques aos submarinos alemães são, em parte, prova do sucesso dos supercomputadores na obtenção de informações importantes (e secretas). Estima-se que a descriptografia encurtou em vários meses a Segunda Guerra Mundial na Europa.

O sucesso dos *Bombe* e *Colossus* em 1940 se equipara provavelmente ao do computador quântico no "mundo de hoje", computador no qual empresas de alta tecnologia e laboratórios de ponta de diferentes países estão trabalhando febrilmente. Em vez da anterior miniaturização de transistores, os computadores quânticos usam as leis das interações e estados dos átomos, moléculas, ou partes deles, para mapear processos computacionais. O registro e a memória dessas máquinas podem conter ao mesmo tempo vários valores em sobreposição, e seus comandos afetam todos esses valores simultaneamente.[19] Isso permite capacidades de

---

18 Disponível em: https://bit.ly/3Bx0c07.

19 *German Federal Office for Information Security* (2019). Disponível em: https://bit.ly/3AuIMjJ.

computação impensáveis no passado, para as quais ainda nem imaginamos aplicativos. Além de simulações altamente complexas para pesquisar e prever o clima, o tempo e as doenças, os computadores quânticos também oferecem vantagens no campo da estratégia militar, pois podem ser usados para quebrar todos os sistemas de criptografia digital atuais. Nas mãos erradas, um computador quântico pode ter efeitos devastadores.

Comparar um computador anterior de alto desempenho a um computador quântico é quase como comparar os jatos supersônicos modernos a um zepelim. Os ameríndios, que tentaram usar suas armas de madeira para se defender das armas de fogo e ferro dos europeus, provavelmente entenderiam minha analogia. Na verdade, refiro-me a algo muito mais "disruptivo" do que um aplicativo de alocação de motoristas ou um *chatbot* no canto inferior direito do site.

Em nossas considerações, até agora limitamo-nos principalmente aos pilares tecnológicos da tecnologia da informação. Sabemos que esses não são os únicos pilares tecnológicos que sustentam nosso mundo. Isso fica claro quando observamos os aparelhos eletrônicos que já utilizamos até hoje e vemos que dependem não só de um armazenamento eficiente, mas também de energia elétrica. O uso eficiente da energia, bem como seu armazenamento sem perdas em unidades cada vez menores e com vida útil cada vez maior, é um dos mais importantes desafios da atualidade. Ora, as matérias-primas para a produção dessas baterias ou desses núcleos de processadores cada vez menores são raras, e muitas vezes são encontradas em regiões politicamente problemáticas do mundo, o que leva a conflitos de interesses entre empresas e estados.

Em que os pilares tecnológicos podem influenciar no mundo de hoje? Juntos, eles sustentam outras soluções e tecnologias que são atualmente indispensáveis, e que ontem ainda eram inviáveis. A democratização da banda larga veloz e o aumento da capacidade de computação e armazenamento de dados tornaram possíveis a computação e o armazenamento de dados em *nuvem*, prática cada vez mais usada, tanto por empresas quanto por pessoas físicas.

Hoje, ninguém mais precisa substituir completamente o *hardware* de seu PC, notebook ou servidor a cada dois anos. Ninguém mais é preso a restrições locais de hardware. O acesso *ad-hoc* à capacidade de computação de alto desempenho é disponibilizado a qualquer pessoa com um dispositivo habilitado para Internet e um cartão de crédito. Ao cabo de alguns cliques meus, um provedor de nuvem líder me fornece um *cluster* de computação com enorme capacidade de armazenamento e computação. Isso pode custar-me inicialmente apenas alguns dólares americanos (ou até centavos) por hora; mas no caso de um *hardware* físico, haveria facilmente um custo de seis dígitos, com entrega do produto em um ou dois meses (se não houvesse surpresa desagradável por conta de problema alfandegário).

Graças à capacidade de armazenar grandes quantidades de dados, ao processamento de dados e informações, ao poder de computação escalonável e à integração simples de todos os componentes, é possível realizar análises altamente complexas de grandes quantidades de dados em tempo real: o que representa parte das soluções inteligentes no dia a dia de pessoas físicas e empresas. Um aplicativo GPS consegue calcular com segurança o tempo de chegada de um grupo de tecnologia num dado destino, pois consegue avaliar os engarrafamentos e a possível velocidade de cada veículo com base nos movimentos dos *smartphones* de outros usuários da via no mesmo trajeto. Um aplicativo de alimentação consegue esconder de um usuário restaurantes que não podem mais entregar devido à quantidade de pedidos, à distância e ao tempo restante até seu fechamento. Podemos, além disso, realizar operações complexas como otimização de ativos, manutenção preditiva, aplicações no setor de saúde e plataformas de engajamento do cliente. Os pilares da rede, dados e poder de computação, são os capacitadores da Inteligência Artificial e do aprendizado de máquina que já estão disponíveis hoje e que já estão dando sua contribuição para as otimização, conveniência, segurança e eficiência da própria rede. Alguns exemplos ilustrativos são apresentados e discutidos no decorrer deste livro. Na maioria dos casos, ou em todos eles, você perceberá que uma arquitetura baseada em computação, em nuvem, em grandes quantidades de dados e em Internet das Coisas tornam a solução possível. As jornadas de transformação digital, que muitas empresas iniciaram nos últimos anos, seriam inconcebíveis sem o desenvolvimento dos três pilares técnicos aqui apresentados.

A estabilidade do mundo depende hoje de três pilares técnicos, que se desenvolvem proporcionalmente uns aos outros para evitar desequilíbrios, para evitar rachaduras e instabilidades nas estruturas que sustentam. Sem o correspondente desenvolvimento adicional da Internet, pode surgir um gargalo capaz de afetar o armazenamento de dados e a computação. Por outro lado, o espaço de armazenamento e a capacidade de processamento devem ser fornecidos em correspondência ao volume de informações geradas por dispositivos e pessoas.

Vamos agora dar uma olhada crítica no estado de construção e na capacidade de carga dos pilares. Será que existe um pouco de concreto lascado e armadura de aço enferrujado aqui e ali, que tornam necessária uma ou outra intervenção corretiva (e renovadora)? Os danos ao edifício e ao mundo de amanhã podem ser antecipados ou evitados?

O fato é que tecnologias-chave se desenvolveram rapidamente nos últimos anos. Mais rápido do que os regulamentos legais ou padrões éticos necessários para acompanhá-las corretamente e orientá-las na direção certa. As tomadas de decisão e os projetos legislativos em estados democráticos, devido à natureza destes, levam para se consolidar mais tempo do que as empresas de tecnologia precisam para trazer novas soluções e serviços para o mercado. Visto que os padrões éticos e legais diferem entre estados e culturas, essa nova área está, com efeito, sujeita a muitos perigos e conflitos.

Os leitores deste artigo que são usuários ativos do *Facebook* lembrarão certamente da época em que a rede social começou a sugerir pessoas e amigos que um algoritmo havia reconhecido em fotos postadas (esse foi o momento crítico em que decidi reduzir ao mínimo as minhas atividades nas redes sociais). O resultado dessa funcionalidade suportada por IA culminou em um pagamento de seiscentos e cinquenta milhões de dólares[20] em 2020, uma das multas mais altas da história dos EUA.[21] Em 2015, os usuários do estado de Illinois processaram um grupo de tecnologia porque essa funcionalidade é baseada numa coleta e análise de dados biométricos para reconhecimento facial que não tinha sido autorizada pelos usuários. Hoje o *Facebook* mudou seu procedimento.

Por outro lado, os direitos pessoais e a privacidade dos cidadãos têm um status diferente nos estados autoritários. No maior país do Leste

---

20 *Reuters* (2020). Disponível em: https://reut.rs/3ltpxTp.

21 *Frankfurter Allgemeine Zeitung* (2021). Disponível em: https://bit.ly/3mDkoJ3.

Asiático, o número de câmeras de vigilância instaladas aumentou de cento e setenta milhões em 2018 para cerca de quinhentos e setenta milhões em 2021. Os pedestres que cruzam um semáforo vermelho podem ser identificados imediatamente por análise de vídeo e denunciados em um telão com seu nome e foto em tempo real. O acesso a edifícios ainda não frequentados também é possível através do reconhecimento facial e da comparação de dados; os policiais utilizam óculos de vídeo em rede, que também permitem a comparação e identificação pessoal em tempo real.[22] Estas diferentes condições de enquadramento jurídico fomentam ou abrandam o progresso técnico no domínio da análise de vídeo e do reconhecimento de pessoas. Hoje, a China é líder mundial nessa tecnologia e oferece as condições ideais para *startups* nesta área de aplicação. Logo, é de se esperar que esse país se expanda ainda mais na área.

Já mostramos algumas falhas que ocorrem na coluna de dados quando direitos autorais, direitos pessoais ou privacidade são desconsiderados. Os interesses das empresas globais de tecnologia e seus modelos de negócios podem entrar em conflito com a legislação atual (ou nova). No futuro, podem ser frequentes as situações em que alguns CEOs ameacem expulsar determinado país de sua plataforma a fim de influenciar a legislação local.[23]

---

22 *The Economist* (2018). Disponível em: https://bit.ly/3FC2Vry.

23 *The New York Times* (2021). Disponível em: https://nyti.ms/3uY6T9b.

O carro que dirige sozinho – outro objeto muito aguardado – mostra que, além dos obstáculos técnicos, também existem aspectos morais que não podem ser resolvidos globalmente antes da introdução generalizada de uma nova tecnologia. Se um carro que dirige sozinho não consegue evitar um acidente, que decisão a Inteligência Artificial deve tomar em relação às possíveis consequências? Quem deve proteger e quem deve ferir ou mesmo matar? Expor ao risco os compradores do veículo (você gostaria de comprar um carro que se comportasse assim?) ou o pedestre que desrespeitou as regras de trânsito? Você prefere poupar idosos? Ou crianças? A resposta para isso é ética e filosófica – um abrangente estudo do *MIT* revela nesse sentido a existência de diferenças surpreendentes em função da cultura e da origem dos entrevistados.[24, 25] O instituto Gartner estima que os carros autônomos estarão prontos para o mercado em dez anos.[26] Entretanto, a *UBER*, depois de ter constatado que as questões legais e financeiras poderiam trazer certas dores de cabeça, interrompeu seus esforços nesta área.[27]

Até 2017, mais de duas dezenas de governos nacionais tinham publicado estratégias, roteiros ou planos de IA concentrados no de-

---

24 *MIT* (2018). Disponível em: https://go.nature.com/3iPmaVo.

25 Veja. *MIT* (2019). Disponível em: https://bit.ly/3FxAVFI e em https://bit.ly/3uXkSfw.

26 *Gartner Hype Cycle for Artificial Intelligence, 2020.*

27 Disponível em: https://nyti.ms/3DwwatY.

senvolvimento de padrões, diretrizes, regulamentos ou estruturas éticas.[28] Um estudo da consultoria de gestão *Deloitte*[29] mostra que 75% de todos os executivos de TI assumem que a Inteligência Artificial mudará fundamentalmente suas empresas nos próximos anos. Ao mesmo tempo, um terço dos questionados apontou a questão dos "riscos éticos" como um dos três principais problemas associados ao uso da IA. A tendência dos sistemas de IA atuais é automatizar as avaliações certo-errado. Deve-se garantir que a Inteligência Artificial seja treinada com os dados corretos e possa tomar essas decisões ou avaliações de forma justa, imparcial e sem discriminação contra certas propriedades. A própria decisão deve ser tomada da forma mais transparente e compreensível possível: pode o resultado ser emulado com "bom senso"? O tratamento de dados pessoais requer cuidados especiais ao desenvolver soluções de IA. O direito à proteção da privacidade e também o direito de "esquecer": com efeito, a possibilidade de deletar definitivamente os dados armazenados é um ponto importante para uma aplicação ética e confiável da Inteligência Artificial.

Cabe agora perguntar: quão sustentáveis são os pilares do "mundo de hoje" para minha empresa? Quão estável é a estrutura do meu

---

28 Tim Dutton, "An overview of national AI strategies", *Medium*, June 29, 2018.

29 David Schatzky *et al*, "Can AI be ethical". Disponível em: https://bit.ly/3amCYOB, 2019 e em Jeff Loucks, Tom Davenport e David Schatsky, *State of AI in the enterprise, 2nd edition*, Deloitte Insights, 22 de outubro de 2018.

país? No que diz respeito às matérias-primas e infraestruturas mais importantes, os países geralmente desenvolvem planos de emergência e acumulam estoques (por exemplo, de petróleo/combustíveis). Mas o que dizer no caso dos "dados" – que são o novo combustível –, da Internet ou da capacidade de computação? Quem quer ser (ou permanecer) líder na corrida pela Inteligência Artificial, deve fazer grandes investimentos em capacidade de computação e armazenamento. A indústria de semicondutores desempenha aí um papel fundamental.

A demanda global por *chips* de computador aumentou de forma constante desde o bloqueio da Covid em 2020, e já criou alguns gargalos de entrega no início de 2021.[30] Os países líderes em tecnologia estão cada vez mais preocupados com o acirramento da competição, cujo foco está no acesso às matérias-primas, na produção de *chips* e no armazenamento de energia (baterias).[31, 32] O acesso às capacidades de *design* de *chips* também desempenha um papel importante – aqui, a aquisição de uma empresa pode mudar maciçamente a estrutura competitiva existente entre grupos de tecnologia e países fabricantes.[33]

Em 1990, os EUA e a Europa eram responsáveis por cerca de 80% da produção mundial

---

30 *Bloomberg* (2021). Disponível em: https://bloom.bg/3DstLk5.

31 *Frankfurter Allgemeine Zeitung* (2021). Disponível em: https://bit.ly/3mF9aCz.

32 Disponível em: https://bit.ly/3voTtsZ.

33 Disponível em: https://bit.ly/3mEN6b2.

de *chips* de computador; hoje, esse percentual é menor que 21%. Em 2020, Taiwan, Coreia do Sul e China produziram cerca de 60% dos *chips* do mundo.[34] Ora, se o maior número de supercomputadores instalados se encontra hoje na China, os EUA têm o maior poder de computação disponível (*Rmax* – desempenho *LINPACK* máximo alcançado em *GigaFlops*).

Ao desenvolverem máquinas capazes de resolver problemas matemáticos especiais e altamente complexos em um tempo recorde, a empresa americana *Google* e o sistema quântico chinês *Jiuzhang* deram os primeiros passos – e mostraram os primeiros resultados – na corrida pelo computador quântico. Na verdade, esses sistemas são mais simuladores quânticos do que computadores reais programáveis. No entanto, seu desempenho é impressionante: *Jiuzhang* levou duzentos segundos para resolver um problema especial. O terceiro supercomputador mais rápido (também chinês) teria levado cerca de dois bilhões e quinhentos milhões de anos para realizar a mesma tarefa.[35] O computador quântico é exponencialmente superior aos supercomputadores de hoje e, portanto, perfeitamente apto a quebrar a criptografia atual, ou repelir ataques cibernéticos. No entanto, os especialistas estimam que não estará disponível antes de 2030.[36]

---

34 *SAI* (2020). Disponível em: https://bit.ly/3apKJ6h.

35 Disponível em: https://bit.ly/3FvzgjU.

36 Disponível em: https://bit.ly/2YyCD8H.

Enquanto isso, por intermédio do poder computacional já existente, os ataques cibernéticos na Internet continuam. Devido à conexão constante de máquinas, ativos e componentes de infraestrutura por meio da Internet das Coisas, os arquivos de sabotagem se tornaram significativamente mais frequentes. O número de ataques cibernéticos à infraestrutura de energia elétrica brasileira aumentou 460% entre março e junho de 2020,[37] o número de ataques com *malware* passou de oito bilhões e duzentos milhões de casos em 2015 para nove bilhões e novecentos milhões em 2020.[38] Se nas décadas de 1980 e 1990 um clássico ataque militar contra a infraestrutura era necessário para gerar produção de armas nucleares, hoje toda a produção de armas pode ser paralisada via *ransomware* sem ato de guerra. Sabotagem, espionagem e desinformação seletiva – eis as armas da gestão secreta de conflitos no "mundo de hoje".

Como a história continua?

Há grande incerteza sobre as mudanças que podem ser esperadas com os avanços tecnológicos em Inteligência Artificial. Não há base de comparação histórica que possa ser usada para uma previsão confiável do "amanhã". Conforme

---

37 Ataques cibernéticos aumentam com pandemia e atingem companhias elétricas no Brasil e no mundo. Disponível em: https://glo.bo/3AvAbgD.

38 Número de ataques por malware no mundo de 2015 a 2019. Disponível em: https://bit.ly/3Bu8dDd.

discutido acima, ainda não há carros voadores. Decerto. Mas, algumas coisas que ainda eram ficção científica na minha infância já existem – talvez os *Jetsons* fossem a previsão mais precisa para 2020, em fins de contas.

Os pilares tecnológicos tornam possível uma inteligência baseada em dados predominantemente estruturados: análises de dados de sensores para detectar anomalias; melhores ofertas para clientes com base em seu histórico de consumo; dados comportamentais que analisam perfis de contratantes antes de oferecer um novo seguro; algoritmos de pesquisa de textos e conteúdo; e muito mais.

Hoje estamos no início de uma fase na qual ensinamos às máquinas habilidades cognitivas, como ouvir e compreender a linguagem humana, bem como responder a perguntas e comunicar sobre determinados tópicos. A máquina aprende a "ver" e reconhecer padrões, comportamentos e movimentos – é a fase de inteligência cognitiva na qual os computadores são lentamente habilitados a perceber e compreender o que está ao seu redor.

O próximo passo para a Inteligência Artificial pode ser aprender e realizar tarefas de forma independente – algo que exige um longo caminho a percorrer. Os motores de IA de hoje ainda são relativamente estúpidos ou – em comparação com um simples animal de estimação como um gato ou um cachorro – "unilaterais". Apesar de terem uma capacidade de armazenar dados limitada e uma capacidade de computação de "apenas" duzentos e cinquenta milhões e quinhentos milhões de neurônios respectivamente, o gato e o cachorro são dotados de instinto, intuição, emoções, inteligência emocional, bem como de empatia. Um animal de estimação pode agir com sensatez em uma situação que nunca havia experimentado, e seus sentidos são de tal modo aguçados que pode perceber, geralmente, todas as variáveis necessárias a uma decisão/ação. Pelo que tudo indica, não será nos próximos anos que os robôs e a Inteligência Artificial estarão assim constituídos.

Então, o medo dos supercomputadores, da Inteligência Artificial e da robotização se justifica? Certamente haverá mudanças fortes, ainda não previsíveis, ao longo da década. O "mundo de amanhã" será parcialmente diferente do de hoje – assim como este parece parcialmente diferente do mundo da minha juventude. Em parte porque o mundo ainda é reconhecível como tal, e há áreas que certamente não podem ser mudadas; em parte porque o desejo geral é que elas não o sejam. Você não pode fugir dos desenvolvimentos técnicos e não pode fechar os olhos – trata-se de conviver com isso, estar vigilante e preparado para o que está por vir, e talvez venha.

Para designar nossa atualidade, a consultoria de gestão *Deloitte* usa a locução "*The Age of With*".[39] Segundo tal ponto de vista, o foco está na cooperação ("*with*") construtiva e produtiva entre nós como seres humanos e as novas tecnologias como uma Inteligência Artificial. Devemos manter em vista nossos pontos fortes de seres humanos e ser ativos onde nós, enquanto humanos, fazemos a diferença decisiva. A Inteligência Artificial pode e deve ser usada na busca por soluções junto com os humanos e não simplesmente para substituí-los. Tendo em vista que seguimos neste caminho para o futuro, em nossas vidas privadas, em nossa empresa, podemos ajudar a moldá-lo hoje. Será que devemos tornar-nos escravos da "matriz", que talvez seja a grade de aplicativos em nossos *smartphones*, e que utilizamos assim que acordamos e também na hora de dormir? Ou devemos determinar ativamente os casos em que a Inteligência Artificial torna nossa vida mais fácil, assume atividades demoradas e abre espaço para atividades mais produtivas, criativas e que agregam valor, e intervir ativamente na discussão sobre ética e valores em relação à Inteligência Artificial? No *mundo de hoje*, temos uma escolha.

---

39 *Deloitte* (2021). Disponível em: https://bit.ly/3iOLR7U.

CAPÍTULO 2

DAS SALAS ÀS NUVENS: COMO TECNOLOGIAS DE ARMAZENAMENTO E COMPUTAÇÃO EVOLUÍRAM E REDUZIRAM DE TAMANHO GANHANDO LARGA ESCALA

Clerinsom Sant'Ana

Entendendo o Passado

Para compreender o funcionamento das tecnologias que existem hoje é importante saber um pouco de história. Como a história da computação e das tecnologias de armazenamento andam lado a lado, vamos começar bem do começo – em 1946, ano do nascimento da primeira geração de computadores. Como você deve ter visto nos livros de história, esses computadores eram tão volumosos que ocupavam salas, consumiam uma quantidade exorbitante de energia e ainda eram programados por meio de chaves.

Naquela época, a memória dos computadores se limitava a algumas centenas de bits. Seja por questão de vontade ou por conta de alguma falha elétrica ou problemas na máquina (lembre-se que estes computadores dependiam de válvulas, e válvulas queimam com facilidade), era muito difícil reproduzir uma programação. Assim, o uso dos computadores se limitava à realização de cálculos matemáticos.

Já em 1959, veio a segunda geração de computadores, equipada com transistores ao invés de válvulas. Os transistores são mais eficientes, menos volumosos, gastam menos energia, são mais baratos e além disso permitem operações lógicas a partir do sistema binário. Então, foram desenvolvidas as técnicas de agrupamentos de transistores que permitiram a criação de circuitos integrados à base de silício, os *microchips*. No campo da computação, a revolução trazida pelos *microchips* pode ser comparada à que a imprensa trouxe ao campo do livro: uma inovação que permitiu a redução do custo e a miniaturização dos componentes; e é presente até hoje no nosso dia a dia, em nossos computadores, *tablets*, celulares, etc.

Em paralelo, na década de 1960, eram lançadas as fitas cassetes – produzidas oficialmente pela *Philips* em 1963. Embora sem relação direta com os computadores, essa invenção impactaria nas formas futuras de armazenamento de informação. Nessa mesma década, outras mídias de armazenamento, capazes principalmente de prover maior portabilidade, começaram a ser desenvolvidas – como os disquetes (que chegaram ao mercado e foram disponibilizados ao consumidor final em 1971). Os primeiros disquetes possuíam capacidade de armazenamento de 80 KB (quilobytes – oitenta mil caracteres).

Em termos de armazenamento de dados, o ano de 1971 trouxe outras inovações relevantes com o advento da quarta geração de computadores. Essa geração é marcada pelo começo do uso de discos rígidos, também conhecidos como memória secundária. Essa nova forma de armazenamento permitiu a expansão da memória dos computadores e a conservação das informações com o computador desligado. Com maior capacidade de armazenamento e mídias removíveis aprimoradas, os computadores passaram a ser mais adotados em empresas e lares.

Dentro das empresas, surgiram então os primeiros sistemas de gerenciamento de banco de dados. Como o custo do processamento era menor do que o custo do armazenamento das informações, houve forte necessidade de normalizar os dados de maneira a poder organizá-los de forma otimizada. Para o uso doméstico, foram trazidas inovações no ramo do entretenimento – o armazenamento de dados foi aprimorado: a capacidade das mídias de disquete passou para 1.44 MB (*megabytes*) e surgiu o *Zip Drive* (que é como um disquete, mas armazena mais dados), com capacidade de armazenamento de 100 MB. Outra mídia que passou a fazer sucesso no período dos computadores de quarta geração foi o CD-ROM, com sua capacidade a gravar áudio e dados. Uma característica importante do CD-R – além, claro, da capacidade – é que os dados gravados aí duravam mais que nos disquetes.

Enquanto o volume de dados gerados crescia consideravelmente, a questão da durabilidade ficava mais importante. Diversos produtos de armazenamento em ambientes corporativos, ditos *Storage*, passaram a apresentar capacidade de replicação do conteúdo escrito em múltiplos discos, evitando risco de perda em caso de falha física – e aumentando a durabilidade dos dados. Nos anos seguintes, com a indústria de entretenimento crescendo de maneira acelerada em função da tecnologia, foram desenvolvidas novas soluções – como os DVDs, que permitiram maior armazenamento em uma mídia do mesmo tamanho físico de um CD-ROM. O tamanho dos computadores reduziu e, nos anos 1990, apareceram os primeiros *laptops* – dispositivos do tamanho de uma maleta cuja bateria tem autonomia de algumas horas –, concebidos para propiciar maior mobilidade de uso.

O mercado continuou a explorar novas mídias de armazenamento. Uma técnica que passou a ser bastante explorada no começo da década de 90 foi a do armazenamento de dados em um dispositivo de memória não volátil – ou seja, que mantinha o dado em caso de ausência de energia: dispositivo popularmente conhecido como memória *Flash*. Diferente do que ocorria com as memórias do tipo *Read-Only Memory* (ROM), essa memória precisava ser atualizada. Entretanto, por terem custo não tão proibitivo quando produzidas em larga escala e, principalmente, por conta de sua capacidade de adaptação a diversos dispositivos, as memórias *Flash* revolucionaram o mercado.

Essa velocidade na adoção de tecnologias dos computadores e microcontroladores beneficiou as indústrias. Se a arquitetura dos computadores de uso industrial e de ambiente corporativo é a mesma, os industriais são desenvolvidos para suportar um ambiente hostil em termos de temperatura, vibração e poeira. Em âmbito industrial, os componentes ligados à aquisição de dados são mais especializados. A arquitetura de *software* baseada no chamado modelo SCADA (*Supervisory Control and Data Acquisition*) garante o monitoramento de variáveis e o controle de dispositivos relacionados ao processo produtivo. O volume extremamente alto de informação gerada em âmbito industrial exige a normalização dos dados e a utilização de técnicas de compressão – para que se evite ocupação desnecessária de espaço em disco. Mesmo não sendo nosso objetivo entrar nos detalhes deste assunto, vale salientar que um dos grandes problemas no ambiente industrial continua sendo a falta de padronização. Isso ocorre porque, em função do tipo e do propósito de seus produtos, diversos fabricantes optaram por construir seus próprios protocolos – sendo muito comum que, hoje em dia, uma planta industrial tenha um determinado integrador destinado a prover todos os equipamentos de controle, protocolos de comunicação e sistema supervisório.

A Internet

Agora que recapitulamos a massiva transformação operada na década de 1990 com a evolução dos computadores e das soluções de armazenamento, não podemos deixar de mencionar a maior delas, a Internet. A partir de 1982, cresceu o uso da Arpanet no âmbito acadêmico. E, por volta de 1987, foi liberado seu uso comercial nos EUA.

Com a Internet, novos mercados digitais foram criados e mais informações passaram a ser compartilhadas e armazenadas. A Internet também proporcionou maior adesão ao correio eletrônico, ou *e-mail*. Além disso, diversos mecanismos de conversas por texto começaram a se popularizar, e cada vez mais pessoas a se conectar. A Internet também fez surgir nova forma de consumo, com o chamado *e-commerce* (lojas virtuais, em bom português). Empresas como *Amazon* e *eBay* foram pioneiras nesse mercado.

Por conta da Internet, o comportamento no mundo corporativo começou a mudar. Empresas começaram a dar maior valor à informação e aplicaram um processo de coleta, de organização e de análise de dados; formatação de relatórios; e indicadores de gestão – que dão suporte às tomadas de decisão no ambiente de negócios. Sugerido em 1980 por Gartner, esse conjunto de práticas é chamado de Inteligência de Negócio (*Business Intelligence* – BI). A compreensão do padrão de consumo permite aos negociantes trabalhar de modo mais assertivo frente ao público consumidor, minimizar os erros e estabelecer limites de risco calculados para o negócio. Um grande avanço naquele momento foi que as técnicas aplicadas ao BI puderam ser implementadas em volumes de dados muito maiores – fato diretamente relacionado ao crescimento de consumo por meios digitais. Diante de aspectos de computação, nota-se que o desafio agora é atender às transações de negócio e ao mesmo tempo prover capacidade de consulta das informações para propósitos informacionais.

O *Data Warehouse*, que significa "repositório de dados", serve para preparar, formatar e armazenar os dados que serão utilizados para fins informacionais. Sem entrar em detalhes técnicos, digamos que agora há soluções otimizadas para o tratamento de volumes transacionais (*On-line Transaction Processing* – OLTP), como inserção, alteração e deleção. Há também uma solução ainda mais especializada, para tratar consultas (leitura) de alto volume (*On-line Analytical Processing* – OLAP). É interessante que, mesmo depois da otimização do acesso aos dados e da miniaturização dos discos rígidos, as soluções de armazenamento tenham permanecido mais caras que as de processamento. Ora, a tentativa empresarial de "prever o futuro" com base em padrões do passado enfrentaria ainda um novo desafio: os diversos negócios digitais que surgiram na Internet impactaram o mercado financeiro de tal modo que houve uma supervalorização de ações das empresas digitais. Esse fenômeno foi chamado de "bolha da Internet".

No começo dos anos 2000 as pessoas estavam ficando cada vez mais conectadas; dessa vez, graças não somente à expansão da Internet, mas também de uma nova capacidade de computação, ainda mais reduzida, o telefone celular.

Mobilidade

No começo dos anos 2000, os celulares já se tornavam populares em diversas regiões do mundo. E como a tecnologia, inicialmente analógica, se consolidava em meios digitais, esses aparelhos puderam funcionar como um terminal de acesso à Internet. Diversas empresas se aventuraram em prover páginas adaptadas via padrão de acesso WAP ("*Wireless Application Protocol*" – Protocolo de Aplicações Sem Fio), e o crescimento dessa prática mostrou que tal mercado podia ser bem promissor.

No meu ponto de vista, um fator que muito contribuiu para a adoção dos celulares foi o alto índice de conexão à Internet que já existia na época – ter um computador em casa, principalmente em países desenvolvidos, não era mais algo tão complexo. Além disso, a capacidade de armazenamento continuava sendo aprimorada.

Surgiram os primeiros dispositivos de armazenamento USB (*pendrives*) e os novos cartões de memórias não voláteis (*flash*) – que vinham sendo mais adotados principalmente por conta do surgimento das primeiras câmeras fotográficas digitais e dos primeiros aparelhos de música compatíveis com o formato mp3, no final dos anos 90. Fabricantes de celular perceberam que podiam beneficiar de padrões de consumo digitais, que o celular podia ir além de um simples meio de conectar pessoas via voz – podia tornar-se um dispositivo, assumir algumas funções como: rádio FM; reprodutor de arquivos em mp3; executor de pequenos jogos; e, não menos importante, câmera fotográfica digital. O armazenamento, embora limitado no primeiro momento, era resolvido com o "descarregamento" das fotos no PC – o que aumentou a pressão por mais armazenamento.

Na época, a pressão por armazenamento aumentou decerto porque as pessoas passaram a acumular música, vídeos, fotos, etc. Mas, além disso, a indústria de entretenimento passou a fornecer cada vez mais conteúdo em formato digital e a Internet ainda não tinha capacidade de tráfego (banda) para suportar transferência rápida entre pessoas – sendo comum a troca de mídias, como CD-RW (CD com capacidade de regravação), *pendrives*, disquetes, etc. Para atender às expectativas de acesso à Internet, empresas desenvolveram rapidamente os meios de conexão residenciais. A expansão de meios como a Rede Digital de Serviços Integrados

(ISDN) proporcionou grande salto nesse percurso, e gerou, consequentemente, mais investimento em escala global para atender às demandas de troca de informação.

Apesar desse movimento de aprimoramento das redes de telecomunicações, os fabricantes de celulares não conseguiram perceber as mudanças relacionadas à necessidade de consumo de dados. Quem largou um pouco à frente foi a *Research in Motion* (RIM), atual *Blackberry*, ao anunciar modelos de celulares capazes de trocar mensagens protegidas, enviar e receber *e-mail*, navegar na Internet – e dotados de um teclado munidos de "*trackball*" (espécie de esfera equivalente ao *mouse* do computador). Os modelos *Blackberry* foram rapidamente adotados para uso corporativo.

A *Apple*, todavia, percebeu o movimento como uma oportunidade e, em 29 de junho de 2007, anunciou o primeiro *iPhone*. Funcionando de maneira semelhante à de um computador, e com um navegador Internet otimizado, o *iPhone* revolucionou todo o mercado de celulares. Com ele, a *Apple* estabeleceu o "telefone inteligente" ("*smartphone*") e democratizou o acesso à Internet. O dispositivo apresentava funcionalidades que o tornaram marcante. Além de telefone: contava com funções multimídia aprimoradas, semelhante aos *iPods Apple*; tinha câmera de 2 megapixels; permitia envio e recebimento de e-mails; dava acesso à Internet aprimorado; e, oferecia experiência diferenciada dos demais dispositivos da época – por meio de uma tela, sensível ao toque, que exibia um teclado somente quando o usuário tinha que preencher um campo de texto.

Um fator marcante era a capacidade de armazenamento de 8GB ou 16GB, muito maior do que nos outros modelos da época – sem falar da integração a lojas de aplicativos que permitiam aos usuários comprar conteúdos e jogos. Aos donos de um *iPhone* era também possível fazer sincronizações com um computador por meio do *software iTunes* e fazer cópias de segurança, catalogar conteúdos e gerenciar fotos. O sucesso de vendas foi tão grande que rapidamente o padrão estabelecido pela *Apple* foi copiado pelos concorrentes.

As redes de celulares foram sendo atualizadas para suportarem maior velocidade na troca de dados. As primeiras redes chamadas 3G foram implementadas e a Internet, passando a caber mais nos bolsos, foi ficando cada vez mais popular.

Cloud

O que o mundo não sabia é que um pouco antes do anúncio do *iPhone*, mais precisamente em 2003, a *Amazon* já pensava numa maneira de monetizar toda sua expertise com gestão de ambientes de infraestrutura de computação. Os executivos da empresa tinham percebido que o índice médio de ocupação de seus servidores era em média de 30% da sua capacidade e que esporadicamente havia picos de utilização, por conta de rotinas administrativas, ou do lançamento de uma campanha. Essa capacidade ociosa ia poder ser "alugada" para outros clientes, que pagariam apenas pelo uso.

Em 2006 foi criada a *Amazon Web Services* (AWS), empresa pioneira numa atividade que o mercado batizou de *Cloud Computing* ("computação em nuvem"). O modelo segue a filosofia de "pago pelo uso", semelhante ao da distribuição de energia elétrica, cuja tarifação só ocorre quando o interruptor é acionado. Esse modelo afeta diretamente todo o mercado consumidor de tecnologia, uma vez que dispensa aquisição de equipamentos – altos investimentos – e previsão da capacidade instalada com base no pico de utilização; pois em *Cloud*, a escala se adapta à demanda.

Um dos primeiros serviços oferecidos pela AWS foi o *Simple Message Queue* (SQS), que oferecia a capacidade de publicar mensagens para processamento de modo assíncrono. A expertise na criação do SQS levou à criação de outro serviço, o *Amazon S3* (*Simple Storage Services*), que é um serviço de armazenamento de arquivos em geral, como fotos, músicas, documentos etc. A arquitetura da infraestrutura da AWS é pensada para tomar como base uma região, um ponto geográfico no globo, que será composto por zonas de disponibilidade (*Availability Zones* – AZ). Pode haver um ou vários *data centers* AZ, que neste caso serão afastados uns dos outros o suficiente para evitar impacto em caso de catástrofe natural, e serão abastecidos em energia e comunicação por fornecedores independentes. Atualmente, a arquitetura de construção de região é tão sólida que empresas concorrentes da AWS implementam AZs em suas ofertas de *Cloud*. Para evitar perda de informação, cópias são feitas automaticamente entre as AZs: essa arquitetura permite ao *Amazon S3* oferecer 99,999999999% de durabilidade.

O modelo de *Cloud Computing* passou rapidamente a ser adotado por diferentes empresas e, atualmente, cada vez mais serviços são nesse sentido oferecidos. Com o advento de *Cloud*, as ideias adquiriram o potencial de se tornarem grandes negócios, principalmente – uma vez que há redução do risco do investimento e é possível falhar rápido – por conta da possibilidade de pagar pelo uso. Diversas empresas surgiram graças a ofertas de computação em dispositivos de bolso e dos aplicativos de execução de lógicas de negócios complexas em ambiente flexível, em *Cloud*.

Os usuários também puderam contar com o uso de *Cloud* como extensão de seus dispositivos pessoais, sobretudo com o advento de novos padrões de acúmulo de dados como as redes sociais – que acabam gerando mais fotos e vídeos. Diversas soluções de replicação de conteúdo e armazenamento em *Cloud* foram criadas, o que permitiu aos consumidores – uma vez que já estavam "na nuvem" – liberar espaço local nos dispositivos. Atualmente, diversos sistemas operacionais em computadores possuem nativamente a capacidade de sincronizar arquivos com o serviço de armazenamento na nuvem: após longo tempo sem serem acessados, os arquivos são apagados localmente, mas é mantida na *Cloud* uma referência para que possam ser recuperados assim que o usuário tentar consultá-los. Alguns aplicativos para dispositivos móveis possuem funcionalidade semelhante, o que facilita muito a liberação de espaço e reduz riscos em caso de falha física no equipamento.

Por conta da escala alcançada pelos provedores de serviço, a *Cloud* aparece, do lado corporativo, como um caminho cada vez mais viável. Se uma empresa compra centenas de servidores por ano, no *Cloud* poderia ter milhares – a mesma escala se aplica ao armazenamento. Com isso – e uma vez que tornou-se desnecessário o gerenciamento de complexas arquiteturas de armazenamento e de redes para replicação e fornecimento de energia para efeito de continuidade –, é normal que consumidores empresariais percebam como "infinita" sua capacidade de armazenamento e computação. (Imagine uma empresa que provê conteúdo como filmes e séries televisivas ter que construir toda sua infraestrutura em uma escala global!)

A computação de alto desempenho (*High-Performance Computing* – HPC) – escala de computação, rede e armazenamento em

Cloud – é extremamente importante para que se possa suportar cenários de supercomputação em determinados negócios. A supercomputação pode ser aplicada em modelagem aerodinâmica, sequenciamento genético, etc. A atual relação de custos nesse sentido se mostra tão atrativa que, em 2019, uma empresa chamada *Descartes Labs* entrou no ranking dos supercomputadores *Top500*[40] depois de ter feito um investimento inicial de cerca de cinco mil dólares – valor extremamente contrastante com o dos demais investimentos feitos no mercado durante o mesmo período.

A despeito dos benefícios financeiros da migração para a *Cloud*, algumas empresas resistem, e apostam em infraestrutura própria (*on-premises*). Nesse sentido, é comum por um lado que não sejam enunciados nas análises financeiras todos os custos envolvidos nas operações de *data centers*. Por outro lado, e no caso de certos negócios, é o provedor do serviço que "compra" o risco de investimento em infraestrutura. Outro fator que desafia as estratégias de permanência no *on-premises* é a agilidade. As arquiteturas das aplicações começam então a distribuir o risco em caso de falha e permitir adaptação da escala da infraestrutura às exigências do componente ou micro serviço. Tome-se o exemplo da AWS, que mostrou-se pioneira, uma vez mais, ao anunciar o *AWS Lambda*: serviço de computação em que

---

40 Ver https://www.top500.org/system/179693/.

a preocupação do cliente com a infraestrutura é desnecessária – o que permite à equipe de desenvolvimento focar no código (função), que será processado por meio de diversos tipos de "gatilhos", em resposta à necessidade específica de recursos esperada pela função. Esse serviço possui precificação baseada em centavos de dólar por milhares de ativações.

Com o passar do tempo, as soluções de armazenamento foram sendo especializadas, para se adaptarem à necessidade de armazenamento em grande escala e a cenários em que, apesar de um menor volume de dados armazenados, existe necessidade de rápida disponibilização. Essa evolução no armazenamento ocorria paralelamente a acúmulos de volumes de informação demasiado grandes, cujo processamento não podia ser feito com eficiência nas soluções tradicionais de *Data Warehouse*. Líderes do mercado começam a falar em termos de *Big Data* (grande volume de dados) – sendo que um dos principais componentes de arquitetura analítica para *Big Data* consiste então em um sistema distribuído de armazenamento, cujo processamento se dá por meio de *MapReduce* e cujos dados são, basicamente, particionados, computados e agregados em *clusters* com grande capacidade de processamento e armazenamento.

Grande volume de dados acumulados num mundo cada vez mais digital: com isso as empresas logo alcançaram volumes de dados em escaladas de *Petabyte*. Além disso, o dado não era mais apenas algo normalizado como em um banco de dados relacionais. Agora, tudo era dado e tinha valor de negócio: fotos, áudios, vídeos, pdfs etc. Coincidência ou não, esse tipo de necessidade de armazenamento se mostrou ideal para um *storage* de objetos, como o *Amazon S3*. Aí, como o esforço em manter clusters cada vez maiores já não fazia sentido economicamente – e em muitos os casos não era o "*core business*" –, o fator de escala no *on-premises* pressionou algumas organizações a migrarem seus *clusters* para *Cloud*.

O armazenamento de grandes volumes de dados, estruturados ou não-estruturados, representa grande desafio: garantir às organizações que elas terão acesso contínuo às suas informações e que poderão processá-las quando necessário – por exemplo, quando a perspectiva de análise de um dado muda em função de mudanças no negócio. O termo que, nesse sentido, vem sendo empregado no mercado é *Data Lake* (lago de dados). No *Data Lake*, os dados são armazenados para sempre, mesmo na ausência de contexto ou de problema claro de negócio. Nota-se que as organizações perceberam que é mais barato armazenar do que computar (processar).

O *Data Lake* passou rapidamente a ser adotado pelas empresas. Decerto. Mas o desafio de catalogar informações e gerenciar *clusters* para distribuição do sistema de arquivos não é para qualquer organização. Então, como iniciativa de democratização dos meios de construção de *Data Lakes*, a AWS cria um *framework* em que o *Amazon S3* passa a ser o "coração" do *Data Lake* – o que permite uma utilização de características de *storage* de objetos associada a uma grande durabilidade no armazenamento de dados. Assim, várias ferramentas acessam ao sistema de arquivo de forma transparente e permitem o processamento de diversas escalas de dados através das mais variadas técnicas.

Com essa evolução, algumas empresas passaram a contratar sistemas oferecidos como serviço, os "*Software As A Service*", ou SAAS. Na maioria dos casos, esses sistemas rodam em *Cloud*, e se beneficiam da expertise dos provedores – os quais, para além dos recursos que possuem, atendem a uma série de regulamentações de segurança para infraestrutura. Acontece que a diversidade de provedores e soluções traz uma série de desafios para as organizações, principalmente nos casos em que são necessárias trocas de informações de maior sensibilidade, ou em que existe comunicação criptografada e redundante. A comunicação passa então a ter um papel fundamental, seja porque permite o acesso de pessoas à Internet ou porque acelera a adesão de empresas ao *Cloud*. Empresas de telecomunicações passam a ampliar continuamente sua infraestrutura: malhas de fibra óptica e, em alguns casos, redes de acesso celular. A rede 3G do começo dos anos 2000 é substituída pela 4G, o que nos dá maior largura de banda e capacidade de conexão de dispositivos.

A Internet das Coisas

As novas redes móveis permitiram grande crescimento de conteúdo pela Internet, novos dispositivos foram criados e, depois dos computadores de bolso, passamos a ter computadores de pulso – relógios com considerável capacidade de processamento e armazenamento. O termo "*wearable*" (vestível) se refere a dispositivos com pequenas capacidades de computação que podem ser vestíveis, como relógios, óculos, etc. A miniaturização da computação gera um novo mercado batizado de Internet das Coisas (*Internet of Things* – IoT), termo que se refere à capacidade de troca de informação entre dispositivos em uma rede. Os componentes que permitem construir aparelhos integrando sensores a microcontroladores capazes de usar os mais variados meios de transmissão para troca de informação são extremamente baratos, o que significa um potencial de bilhões de dispositivos conectados ao longo dos anos.

Com a capacidade de comunicação por meio de redes móveis e Wi-Fi, a IoT é potencializada. Novos dispositivos são oferecidos, permitindo que consumidores comuns utilizem seus celulares para realizar ações remotamente, como ativação automática do ar-condicionado do quarto quando se está no carro e este se encontra a menos de 2 km do destino. Podemos dizer que agora temos dados em todos os lugares, na maioria das vezes sendo enviados para *Cloud* para que uma ação possa ser gerada com base em uma condição predeterminada ou como resposta a algum modelo de *machine learning*.

Acontece que o IoT não se aplica apenas ao mercado de consumidor final. Percebendo a transformação, os empresários começaram a ver valor em novas formas de coletar dados em processo de produção industrial. As consultorias chamam o momento de Indústria 4.0. O mercado passa a usar a expressão Internet das Coisas Industriais (*Industrial Internet of Things*). Dotado de dispositivos mais inteligentes, capazes – seja por meio de comandos vindos da *Cloud* ou por processamento local – de se integrar a sensores e executarem uma ação, esse modelo representa uma evolução frente ao modelo SCADA.

O grande problema no uso industrial é que o volume de dados gerados pelos equipamentos é muito grande. As empresas rapidamente se dão conta que três fatores requerem atenção. Primeiro, a latência: como os protocolos industriais antigos não são resilientes à latência, é necessário "converter" as informações para transporte em protocolos mais resilientes. Em seguida, o volume: em diversos processos, certas informações são geradas em grande volume, não sendo útil o envio sistemático para a *Cloud*, mas apenas em caso de variação, por exemplo. Por fim, a residência dos dados: nos casos em que, por motivo legal ou contratual, os dados precisam ser descaracterizados ou criptografados antes do envio para a *Cloud*.

Para atender a esses requisitos, surge o *Edge Computing*, que são soluções de computação “na borda”, em que a arquitetura das soluções é construída de modo que o dado processado seja coletado, filtrado ou processado antes do envio para a *Cloud*. Isso atende aos três principais desafios: latência, volume e residência de dados. O emprego de *Edge Computing* pode se dar em conjunto com soluções de Inteligência Artificial, o que permite aplicação na borda da capacidade de execução dos mais variados modelos, como *machine learning* para visão computacional, modelos preditivos para avaliar condições de risco, etc. Um ponto importante a reforçar é que a computação na borda pode se dar em diversas escalas: pequenos robôs aspiradores domésticos; carros autônomos com milhares de cálculos feitos por segundo; análise de *petabytes* de dados, coletados nos testes do processo de produção das turbinas dos aviões.

Poderemos ainda observar outra evolução, que será ocasionada pela vinda das redes de comunicação 5G. Além da transferência pessoal de grandes volumes de dados em alta velocidade e baixa latência, irão permitir aos serviços de *Cloud* novas soluções: como no caso da AWS e seu serviço *AWS Wavelength*, que oferece capacidade de computação, armazenamento, e redes privadas dentro da infraestrutura das operadoras de telecomunicações – o que permite que o dado trafegue em baixíssima latência dentro da rede móvel, sem contato com a Internet. Esse serviço permitirá o *streaming* de jogos em tempo real com processamento todo em *Cloud*, além da integração a robôs que poderão contar com a escala da *Cloud* para complementar um processamento de dados, como a execução de modelos de visão computacional.

Com toda essa evolução, existirá uma nova relação de custos a ser observada na interação computação x armazenamento x comunicação, que habilitará infinitas possibilidades como aplicação de realidade aumentada, telemedicina com procedimentos remotos, etc.

Para Refletir...

Quando os donos do cassino *Caesars Palace* de Las Vegas, maior complexo hoteleiro do mundo, realizaram avaliação de patrimônio após um pedido de insolvência, descobriram que seu ativo de maior valor era o banco de dados da companhia, avaliado em um bilhão de dólares. Eventos como esse ajudaram a divulgar as afirmações publicadas no longínquo ano de 2012 pela *Harvard Business Review*, segundo as quais "cientista de dados" seria a profissão mais sexy do século XXI – afirmações que corroboravam com uma estimativa de McKinsey mediante a qual haveria somente nos EUA de cento e quarenta mil a cento e noventa mil desses profissionais até 2019. Face às estatísticas de 2019-2021 acerca do fenômeno, é permitido concluir que essas afirmações foram, decerto, infladas, mas estavam na direção correta.

Os próximos dois capítulos são dedicados aos dados, às práticas que os envolvem e às técnicas de análise a eles aplicadas, e tratam, principalmente, de uma consideração feita em 2006 por Humby, que citamos segundo ampliação feita por Michael Palmer: "Como o petróleo, os dados são valiosos, mas se não forem refinados, não podem realmente ser usados."

CAPÍTULO 3

VAREJO 4.0 - DOS DASHBOARDS AOS INSIGHTS

Rafael Lychowski

Em todas as áreas de negócio existem oportunidades relacionadas à utilização de dados na melhoria das tomadas de decisão, no aumento de produtividade, na redução de custos, entre outras inúmeras ações ligadas ao alavanque de nossas empresas ou negócios.

Em uma conferência intitulada "Como a Inteligência Artificial pode provocar uma segunda Revolução Industrial",[41] Kevin Kelly pretende que a fórmula mágica para as dez mil próximas startups que irão surgir é bastante simples: "pegue X e acrescente Inteligência Artificial". Ou seja, não importa qual seja seu *business*, adicione I.A. e pronto, sucesso garantido! Parece real-

41 *TED talk.* Disponível em: https://bit.ly/3DsAbzF. Acesso em: 18 fev. 2021.

mente simples. Mas como executar essa adição? De fato, a inclusão de I.A. não é trivial. Na verdade ela faz parte do último estágio de maturidade de uma jornada analítica; portanto, antes de falarmos da fórmula mágica de Kevin Kelly, precisamos voltar alguns passos.

Em 2013, no Gartner Symposium, em São Paulo, fui apresentado à jornada analítica e, desde então, a utilizo como referência profissional, tanto nos desafios da Vale (empresa em que trabalho) quanto para apoiar minhas aulas, no MBA da FGV, em *Business Analytics & Big Data*.

A Jornada Analítica

Passo 1 (descritivo): o que aconteceu? Passo 2 (diagnóstico): por que isso aconteceu? Passo 3 (preditivo): o que vai acontecer? Passo 4 (prescritivo – suporte de decisões): o que eu devo fazer? Passo 5 (prescritivo – automação de decisões): o que eu faço? Assim como é permitido perceber por esse diagrama, de autoria de Gartner, a jornada analítica é dividida em cinco passos: descritivo; diagnóstico; preditivo; prescritivo com suporte à decisão; e, prescritivo com decisão automatizada. Vale ter em mente que não é sempre que todos esses passos devem ser executados para os problemas de negócio.

Nos primeiros passos, a I.A., que ainda requer uma boa parte de trabalho humano, é vista como um meio de consulta, não de tomada de decisões. Até o passo 4 (analítico prescritivo com suporte à decisão), é permitido pensar que nós, humanos, ainda estamos no controle. Porém, quem quer alcançar o estado da arte na aplicação da I.A. deve avançar ao passo 5 (analítico prescritivo com decisão automatizada), a partir do qual a máquina executa tarefas de forma autônoma e nós, humanos, sentimo-nos como nos filmes de ficção científica que abordam o tema. Nesta altura, inúmeras questões de caráter ético se abrem ao debate social.

Boa ou má notícia, o fato é que – na maioria dos processos, empresas e negócios – ainda estamos muito longe do passo 5.

A relevância de tal indústria conduziu a Europa a aprovar, em 2016, o Regulamento Geral sobre a Proteção de Dados, e o Brasil, em 2018, a editar uma lei inspirada nesse regulamento – a Lei n. 13.709/2018, apelidada de LGPD. Ambos os textos impõem regras e limites ao tratamento de dados – e, teoricamente, complicam um pouco essa fórmula (isso, porém, é assunto para algumas páginas adiante).

No que diz respeito à missão de utilizar bem a matéria-prima – os dados –, vale salientar as empresas que executam essas tarefas de forma primorosa: abriram espaço para outras empresas investirem no assunto num círculo virtuoso que parece não ter fim. Um excelente exemplo disso é o *WhatsApp*, aplicativo gratuito de troca instantânea de mensagens que, no momento da edição deste texto, está presente em quase 100% dos telefones dos brasileiros.

Em 2014, a "pequena" empresa proprietária do aplicativo foi adquirida pela gigante *Facebook* por cerca de vinte e dois bilhões de dólares.[42] O que todos sempre se questionaram é: como uma empresa que detém um aplicativo de uso gratuito pode valer tanto?

O segundo exemplo é a avaliação feita após um pedido de insolvência no cassino *Caesars Palace* em Las Vegas (maior complexo hoteleiro do mundo), que revelou que seu ativo de maior valor não era o hotel (suas centenas de quartos, suas piscinas, seus *lobbys*, enfim, toda sua estrutura física), mas o banco de dados da empresa, avaliado em um bilhão de dólares.[43] Esse ativo continha os dados coletados ao longo de dezessete anos, relativos às quarenta e cinco milhões de pessoas que tinham passado pelo cassino (inclusive o autor deste texto).

Os dados passaram a ser o grande ativo das empresas, mas é bom ressaltar que não basta tê-los; é preciso saber extraí-los e utilizá-los como vantagem competitiva.

Voltando ao diagrama de Gartner, notamos que, de fato, o objetivo da jornada é sempre a ação mas, sua execução requer uma decisão anterior. Depois de um usuário ter zapeado por horas no *Netflix*, precisa escolher um filme e, enfim, visioná-lo: é isso que se entende por "ação".

---

42 Disponível em: https://glo.bo/3ByvWCm. Acesso em: 18 fev. 2021.

43 Disponível em: https://hbs.me/3FBnyUQ. Acesso em: 18 fev. 2021.

Nesse caso, o máximo que a máquina pode fazer é recomendar; a tomada de decisão permanece sempre conosco. Ao menos por enquanto. Ou alguém já imagina ir ao cinema sem saber a que filme assistirá, esperando que o "*smart* cinema" faça a melhor escolha? A conferir.

Pois bem, entre a coleta dos dados e a tomada de decisão está a "jornada analítica" e, como é possível ver no diagrama de Gartner, quanto mais avançado alguém estará nos cinco passos (parte inferior do diagrama), de menos trabalho humano (*Human Input*) precisará para tomar uma decisão. Este é exatamente o objetivo: facilitar o processo de análise e tomada de decisão, de modo que seja o mais assertivo possível.

1.1 Analítico descritivo

No passo 1, analítico descritivo, o trabalho humano é muito maior do que o esforço analítico da máquina.

Durante grande parte da minha carreira, entre 2001 e 2014, foi-me possível observar, empiricamente, que o foco das empresas estava nesse passo analítico descritivo, que diz respeito à construção de análises mais simples, relatórios e *dashboards*. Aplicação de estatística, aprendizado de máquina, ciência de dados e Inteligência Artificial eram assuntos que, até então, só se via em livros e filmes. Foi em 2011 – quando estive presente no lançamento da plataforma de I.A. *IBM Watson*, em Las Vegas, e assisti a uma entrevista de Billy Beane em que falava sobre sua experiência no Oakland que havia inspirado o filme *Moneyball* (que recomendo fortemente) – que, confesso, meus sentimentos se misturaram: empolgação por ver o futuro de tão perto, e ao mesmo tempo frustação pelo fato de nossa sociedade estar tão distante dessas tecnologias. A frustação se transformou em obsessão e, desde então, não parei de pensar numa maneira de trazer para o Brasil e para a Vale aquelas evoluções analíticas.

O objetivo deste capítulo é não de falar da minha jornada, mas de dividir com os leitores algumas conquistas que foram inspiradas naquele dia de 2011. Em 2018, tive a oportunidade de ir ao mesmo evento: dessa vez não como ouvinte, como palestrante, para contar um pouco da história da implantação da jornada analítica na Vale. Em 2019, a Vale foi eleita a décima-nona empresa mais inovadora do mundo pela *Boston Consulting Group*, que considerou o quesito "utilização de Inteligência Artificial" como principal elemento de avaliação.[44] Em 2020, a Vale foi eleita a mineradora mais inovadora do Brasil por duas das mais importantes publicações nacionais: o jornal *Valor Econômico*[45] e a revista *IT Fórum 365*.[46]

---

44 Disponível em: https://bit.ly/3mAEFgW. Acesso em: 18 fev. 2021.

45 Disponível em: https://glo.bo/3uZqiX8. Acesso em: 18 fev. 2021.

46 Disponível em: https://bit.ly/2XoFIy3. Acesso em: 18 fev. 2021.

Parênteses fechados, voltemos à nossa jornada. Apesar de a Vale e outras várias empresas no Brasil terem caminhado muitos passos da jornada ao longo desse tempo (é possível observá-lo em vários fóruns de trocas de experiência e nas aulas da FGV), a realidade presente é que a maior parte dos recursos das empresas ainda está alocada no passo 1. Mas, isso é apenas uma questão de tempo. Em algumas delas já foi virada a chave, e este é o caminho inevitável de todas aquelas cujos empresários pretendem prosperar.

É bem verdade que não é possível imaginar que se avance para os passos subsequentes sem que o passo 1 esteja concluído; ou sem que, ao menos, tenha evoluído de forma satisfatória. Já na etapa 1 é possível gerar *insights*, recomendações de ações para suportar a tomada de decisão. O grande problema desta etapa é sua limitação a técnicas simples – e, como mostrado no diagrama, nela é necessário um grande esforço humano de análise e interpretação.

1.2. Analítico diagnóstico

Com seu foco em olhar para "o que aconteceu", o passo 1 ainda deixa muitas perguntas no ar. E é aí que se deve avançar para o passo analítico diagnóstico, cujo objetivo é responder à pergunta: "por que aconteceu?" Neste passo, o trabalho humano já é menor do que no passo 1 e, por conseguinte, maior é o trabalho da máquina.

Dar resposta a por quês implica mobilizar técnicas estatísticas e novas variáveis de modo a que sejam estabelecidas correlações nos permitindo explicar relações de causa e efeito. Pensemos, por exemplo, em termos de meteorologia. Enquanto um analítico descritivo (passo 1) fornece relatórios históricos de chuvas por período, bairro, intensidade e duração, um analítico diagnóstico (passo 2) pode correlacionar chuva, densidade demográfica e fluxo de tráfego e, assim, oferecer *insights* valiosos sobre regiões em função de sua maior ou menor propensão a alagamentos. Como é possível observar no diagrama de Gartner, o analítico diagnóstico equilibra os esforços, e a máquina economiza as horas de interpretação que teriam sido gastas pelos humanos, auxiliando a tomar decisões mais eficientes e rápidas.

1.3. Analítico preditivo

Uma vez que entendemos nossas variáveis e respondemos a nossos por quês, podemos pensar em cruzar uma fronteira que há pouco tempo parecia intransponível na realidade, e era imaginada apenas para filmes de ficção. É o passo 3, analítico preditivo, a partir do qual paramos de olhar para o passado e passamos a olhar para o futuro. Lembro que enfrentamos alguns comentários não muito animadores (algo muito natural para o Brasil de 2014) quando começamos a trazer esse conceito para dentro da Vale. Apesar da previsão do futuro ser algo relativamente banal (como no caso da meteorologia), quando a trazemos para o ambiente empresarial, deparamo-nos com um grande desafio.

Imagine convencer um mecânico experiente que um modelo estatístico sabe dizer melhor do que ele o momento em que um ativo crítico deve seguir para manutenção, porque, segundo o modelo indica, existe uma alta probabilidade que quebre. Ou, simplesmente, que ele não deve seguir o manual de manutenção do fabricante e sim confiar em uma equação matemática. "Apenas aguarde que nosso modelo estatístico te avise o momento certo de trocar a peça." Passado o momento de desconfiança e com resultados tangíveis posso assegurar que os resultados são muito promissores. Prever o futuro não é mais *rocket science*; o desafio agora é fazer isso de forma sustentável e escalável.

É importante ressaltar que, como se observa na jornada analítica, o passo 3 ainda demanda um esforço humano de interpretação (bem menor do que nos passos anteriores). Isso significa que é importante que seja criada uma cultura de interpretação dos modelos preditivos e que seus resultados sejam gerados de forma a que sua interpretação seja facilitada. Não adianta fornecer um modelo performático com um *output* em linguagem matemática a um público que não sabe interpretá-lo. Com efeito, quando forneço os coeficientes da regressão logística de um modelo preditivo de *churn* a um atendente que está tentando reverter a saída iminente de um cliente, não ajudo em nada.

1.4. Analítico prescritivo com suporte à decisão e analítico prescritivo com decisão automatizada

Para minimizar esse problema e avançar ainda mais na nossa jornada analítica, devemos evoluir para os passos 4 e 5. Perceba que, nesses dois passos – nos quais não é mais necessário nenhum esforço humano de interpretação –, a questão é saber se ainda tomamos as decisões (passo 4) ou se até isso é confiado à máquina (passo 5). Nesta etapa, como não pensar na imagem abaixo?

Se no passo 4 a máquina sugere ações cujas decisões competem aos humanos, no passo 5 isso não acontece mais: a máquina adquire autonomia. Apesar de ainda parecer muito distante, já vemos esse tipo de implementação nos carros e drones autônomos; nos sistemas que disparam compras para reposição de estoque sem interferência de analistas de suprimentos; nas operadoras de crédito, que bloqueiam nossos cartões porque a probabilidade de uma transação ser fraude ultrapassou o limite estabelecido.

Percebam que estamos falando não apenas de automação, mas também de autonomia. Não se trata simplesmente de automatizar um processo determinístico em que as mesmas entradas geram as mesmas saídas. Estamos falando de analisar dados, gerar previsões estatísticas e – de acordo com estas – tomar decisões que não serão necessariamente sempre as mesmas. É esperado inclusive que esses modelos autônomos mudem, pois modelos evoluídos se adaptam com o tempo (lembrou de Darwin?).

Como mencionado anteriormente, nem sempre iremos ao passo 5 ou desejaremos nele chegar. Acredito, porém, que todo projeto analítico deve almejar ir pelo menos ao passo 4. Possibilitar à máquina a capacidade de sugerir ações e suportar nossas decisões é algo de muito valor que deve ser perseguido mesmo que o desejo do cliente seja, a priori, apenas um relatório ou um *dashboard*. Exercite a jornada analítica para cada área da empresa e para cada problema e você perceberá a enorme quantidade de oportunidades que tem em mãos.

2. Jornada analítica no varejo

No varejo isso não é diferente: há um oceano de oportunidades em todos os passos da jornada analítica. Como inspiração para a jornada do varejo utilizei o livro *Rebeldes têm Asas*, de Rony Meisler e Sergio Pugliese.[47] Rony é cofundador da marca *Reserva*, referência nacional do varejo no Brasil. É possível perceber, pela leitura do livro, que a jornada analítica foi muito bem trilhada na sua empresa que, não por acaso, se tornou um sucesso, e foi recentemente adquirida por setecentos e quinze milhões de reais.[48] Nesse sentido, segue uma adaptação ao varejo do diagrama de Gartner:

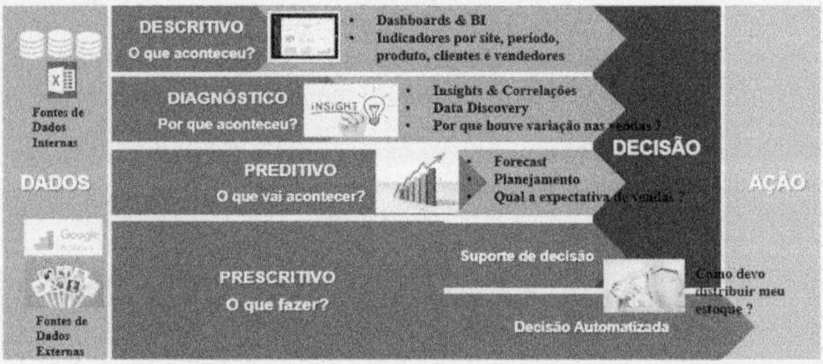

47 Editora Sextante, 2017.

48 Disponível em: https://bit.ly/3oWWDge. Acesso em: 18 fev. 2021.

Quando queremos adaptar a jornada ao varejo, devemos pensar nos problemas de negócio a serem resolvidos. A identificação e a profunda compreensão desses problemas são fundamentais para o sucesso da jornada. Precisamos, então, responder a algumas perguntas sem hesitação. Por que resolver dado problema é importante? Ora, muitos projetos já iniciaram porque tal tecnologia era interessante, e não porque tinham foco na resolução de um problema de negócio. E, supondo que tenha sido dada uma solução ao dito problema, como isso afetaria a empresa? Esse tipo de consideração ajuda na mensuração futura dos ganhos com a implantação. Já temos a capacidade de agir com base nessa solução, ou também precisamos desenvolver essa habilidade? Não adianta termos um sistema lindo se não sabemos como utilizá-lo ou não conseguimos extrair o melhor que pode dar. Como mediremos a solução implementada? O que faria dela um sucesso? Aqui entra a expressão popular "o combinado não sai caro". Previamente, devemos entrar em acordo com os *stakeholders* sobre o que é esperado para o sucesso, e sobre como isso será medido, de modo que seja evitado o risco de termos uma boa entrega com uma baixa satisfação.

Uma vez que estamos seguros de nossas respostas, devemos iniciar o mapeamento de nossa matéria-prima: as fontes de dados. Aqui, é recomendada uma sessão de *brainstorming* para que sejam mapeados todos os insumos possíveis. Uma vez que esse levantamento é feito, surge uma nova lista de perguntas a serem respondidas. Estão os dados disponíveis? Algumas vezes os dados podem existir e não estar acessíveis (informações sigilosas, financeiras, pessoais). Que dificuldade temos na extração dos dados? Esse mapeamento é importante do ponto de vista técnico: integrações costumam ser o gargalo das implantações de ciência de dados. Temos custo com os dados? Muitas vezes precisaremos comprar dados, normalmente no modelo de assinatura. Talvez precisemos contratar serviços de geração de dados (existem empresas especializadas nisso). Para garantirmos que o custo de aquisição não seja maior do que o benefício esperado pelo projeto, importa sempre fazermos uma análise de custo e benefício.

No caso do varejo, existem inúmeras fontes, as quais, conforme diagrama acima, separamos em dois grandes grupos. Fontes internas: ERP, sistemas de RH, sistemas logísticos, contadores de fluxo, planilhas. Fontes externas: *Google Analytics*, dados de mídias sociais, dados de sistema de meteorologia. Com todos os dados em mãos, podemos caminhar na jornada com muita profundidade.

No analítico descritivo (passo 1), podemos desenvolver relatórios e *dashboards* que irão demonstrar a performance de vários indicadores importantes como: vendas, estoque, ruptura, fluxo, índice de satisfação. Todos devem ser analisados segundo a meta – caso exista uma – e a possibilidade de fazer *drills* por região/loja, período, produto, cliente e vendedor. Para o municiamento de todas as camadas de gestão da empresa – da direção/*backoffice* à ponta (lojas) –, podemos pensar numa infinidade de cruzamentos e em gráficos dos mais variados tipos. Importante é pensar numa solução com diferentes níveis de profundidade, diferentes formatos (*web* e *mobile*), e com uma frequência situada o mais perto possível do *real time*. Ora, a detenção de todas essas informações de forma assim completa não é uma realidade do varejo brasileiro. Isso revela a quantidade de oportunidades que existe pela frente, tanto para as empresas, quanto para os profissionais de dados.

Uma vez vencida essa etapa, podemos partir para a geração de *insights* combinando variáveis dos diversos sistemas internos com dados externos, e começar a enunciar algumas perguntas. Por que a loja A vende mais que a loja B, a despeito de ter menos fluxo de pessoas? Qual a melhor combinação de produtos para as vitrines? Isso varia por loja e/ou período? Qual o perfil do meu cliente? Qual o melhor perfil de vendedor para cada loja/cidade? Quanto é preciso vender até às 14h para se ter uma boa chance de bater a meta do dia?

Perceba que as respostas a tais perguntas são muito valiosas. Agora imagine quantas empresas de varejo as formularam de maneira organizada. Como foi dito, o poder de atribuir valor aos dados já é o grande diferencial competitivo das empresas e, no caso do varejo, quanto mais rápido forem resolvidas essas questões, mais vendas serão geradas. O sucesso e a longevidade do negócio passam, portanto, pela adoção plena de uma jornada analítica.

Agora podemos partir para voos ainda mais altos: como pensar em modelos de predição de vendas (*forecasting*), em modelos de otimização de estoque (como e quando distribuir o estoque), e em modelos de recomendação de preço? Nesses três casos, o sucesso da implantação de um modelo aumenta muito a competitividade da empresa, traz inteligência à tomada de decisão e, até, automatiza o processo. Segundo Rony Meisler, "operar na multicanalidade (*omnichannel*) significa tecnologicamente ter uma visão única do estoque, independentemente de onde ele esteja...". Isto é, todas as lojas, físicas e virtuais compartilham do mesmo estoque que podem estar espalhados em vários centros de distribuição.

Se o estoque é único precisamos saber como distribuí-lo pelas diversas lojas. Enviá-lo às lojas de forma proporcional às vendas seria a saída inicial, mas podemos fazer algo muito melhor: enviar a uma loja um produto de acordo com a probabilidade que tem de ser vendido ali, naquele dia. Quando foi implantado, o sistema *Reserva* tinha dezesseis lojas com seis mil itens em estoque – imagine as possibilidades de distribuição e organização! Somente um modelo matemático e preditivo complexo podia resolver esse problema de forma otimizada. De acordo com Rony, o ganho no aumento das vendas com a otimização da distribuição do estoque foi de 6,7% – percentual considerável para uma empresa que fatura quatrocentos milhões de reais por ano. Agora imagine isso aplicado ao varejo como um todo. Tenho certeza de que há milhões ou até bilhões de reais "na mesa", que podem aparecer a partir da simples aplicação (massificada) da ciência de dados ao setor.

Desde 2020, o mundo enfrenta a grande pandemia do coronavírus, que vem impactando negativamente a maioria dos setores da economia. Alguns mais, outros menos: até tivemos setores com crescimento – como redes de supermercados; e o comércio virtual (*e-commerce*), que se tornou uma saída inevitável para a sobrevivência das redes. Largaram na frente aqueles que já estavam com sua estrutura virtual bem preparada. Segundo dados da página *Statista*,[49] há uma expectativa mundial pelo aumento da fatia do *e-commerce* em relação à do varejo físico – o aumento de ganhos no setor foi estimado em trilhões de dólares, o que dá uma ideia do tamanho da oportunidade.

No Brasil, mesmo com a pandemia, o setor do varejo ainda conseguiu fechar o ano de 2020 com um aumento de vendas, ainda que tímido (1,2% em comparação com o ano anterior, segundo o IBGE).[50] Muito desse aumento resulta da aceleração do *e-commerce* e de setores impactados positivamente, como: material de construção, móveis e eletrodomésticos, redes

---

49 Disponível em: https://tinyurl.com/kyk3zdy5. Acesso em: 18 fev. 2021.

50 Disponível em: https://tinyurl.com/53wcypff. Acesso em: 18 fev. 2021.

de supermercado, farmácias. Muitos setores tiveram, entretanto, forte queda durante a crise e o país vivencia, infelizmente, o fechamento de inúmeros estabelecimentos.

2.1. Métricas de desempenho

Entre 2014 e 2015, aventurei-me no mundo do varejo. Não foi um sucesso do ponto de vista financeiro, mas, ter vivido na pele as dores de um pequeno varejista no Brasil me deu uma bagagem muito rica em termos de empreendedorismo e conhecimento do negócio.

Eu e meus sócios chegamos a ter três quiosques em shoppings no Rio de Janeiro, o que já nos trazia desafios enormes de gestão e organização. Qual o melhor momento para comprar os produtos que vendemos (tínhamos por volta de vinte fornecedores diferentes)? Como devemos organizar o estoque e distribuir os produtos pelos três quiosques? Quais os momentos de maior fluxo, que demandam a presença dos melhores vendedores? Nossas chances de sucesso teriam aumentado se tivéssemos dado as respostas certas a essas inúmeras perguntas.

Acredito que uma das coisas que não fazíamos bem era avaliar todas as métricas de desempenho disponíveis. Antes de falarmos dessas métricas, é importante situarmos a arquitetura analítica que a maioria das empresas utilizava para controlar seus indicadores (mesmo atualmente, em 2021, isso não é algo tão incomum). Para que tenhamos uma ferramenta de gestão que permita realizar a medição do nível de desempenho e sucesso da organização, ou de um determinado processo, precisamos saber selecionar muito bem os futuros Indicadores-Chave de Desempenho (*Key Performance Indicators* – KPIs). O confronto desses indicadores com metas preestabelecidas também permite avaliar a saúde do negócio e traçar planos de melhoria contínua.

Durante décadas o diagrama abaixo foi utilizado pelas empresas como uma arquitetura de alto nível dos sistemas de *Business Intelligence* (BI) – em que os KPIs eram coletados, armazenados, modelados e acompanhados em relatórios, *dashboards* e cubos:

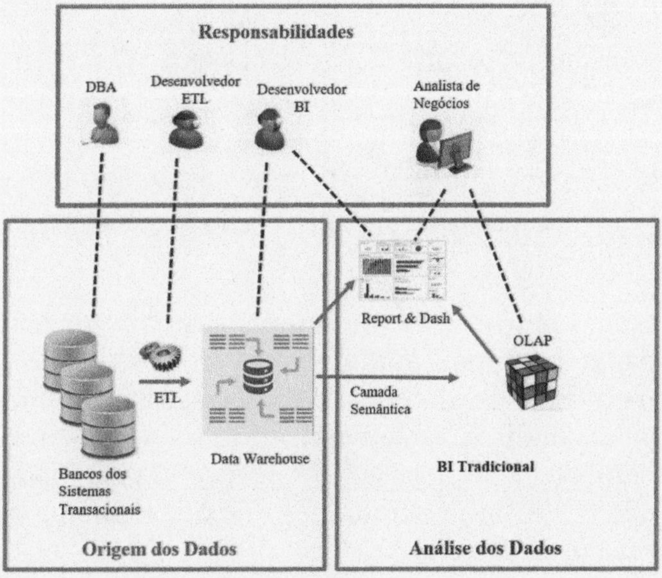

Os projetos eram complexos, demandavam alto esforço, e os custos associados a mudanças de escopo eram sempre muito altos. Nos últimos anos, uma nova arquitetura foi desenvolvida, e trouxe mais agilidade a todo o processo. Seu principal objetivo: democratizar a construção das visões analíticas que, até então, estava muito presa a área de tecnologia. A essa nova arquitetura, abaixo diagramada, damos o nome de *Self Service BI*:

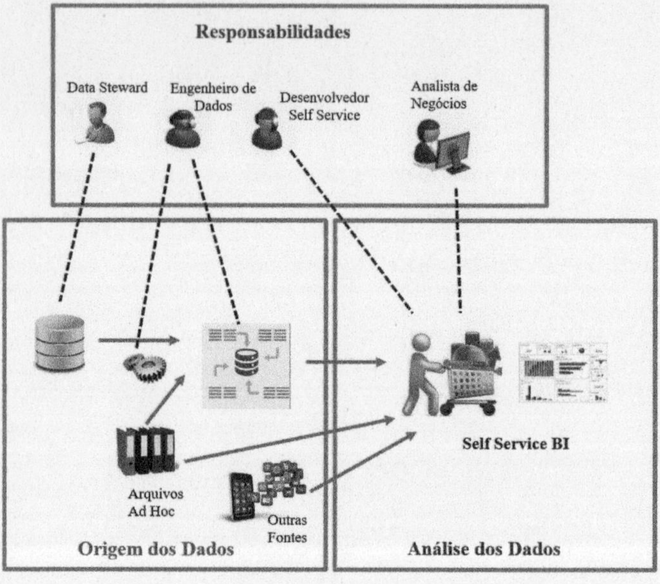

Como seu nome indica, essa abordagem passa a dar mais autonomia às áreas de negócio para que possam criar, de forma ágil, suas próprias análises. Quando tive minha experiência empreendedora, esse tipo de arquitetura ainda não era comum e tínhamos que nos virar com o *Microsoft Excel*.

Quando falamos de métricas para o varejo, alguns indicadores são fundamentais: faturamento (ou venda) de um período versus o mesmo período no ano anterior; venda versus meta; venda por m^2, para avaliar se o espaço físico está justo; venda por quantidade de vendedores, para avaliar se o número de vendedores está adequado à loja; ticket médio: média de compra por cliente no estabelecimento (também chamado de VA – valor por atendimento); total de itens vendidos no período; média de itens vendidos em cada venda (também chamado de PA – peças por atendimento); fluxo de pessoas que entraram no estabelecimento e não necessariamente compraram (existem algumas formas de coletar esses dados: *inputs* dos vendedores, sensores de presença, captação de sinal de celular e vídeo *analytics*); taxa de conversão: quantas pessoas dentre todas as que entram estão efetivamente comprando e quando isso acontece com mais sucesso; giro do estoque: quanto tempo em média leva entre a compra (ou produção) da mercadoria e a venda para o cliente; cobertura de estoque: de quantos itens de cada produto ainda dispomos e qual o tempo estimado até que esgotem; *mark up*: relação entre o preço de compra (ou produção) e preço de venda. Como é possível perceber, não é simples gerenciar um comércio varejista. Todos esses indicadores podem variar por período, loja, vendedor, produto e clientes – o que nos traz uma infinidade de possibilidades.

Em se tratando especificamente de clientes, existe outra série de indicadores derivados – que compõe a solução de CRM (*Costumer Relationship Management*) – através dos quais são criadas campanhas de marketing: data da última compra; valor médio de compra; média de itens comprados; informações pessoais – data de aniversário, gostos pessoais (aqui, entra mais forte ainda a já citada LGPD, que abordaremos melhor mais adiante). Além disso, precisamos lembrar que essas compras podem ser feitas em lojas físicas, ou em lojas virtuais, em qual caso surgirão outros indicadores, tais como: tempo de permanência no site; histórico de navegação no site; itens por carrinho de compra. Portanto, o sucesso do varejo depende de uma ferramenta que auxilie a coleta, a organização e a mensuração de todos esses dados de forma ágil. E isso tudo diz respeito somente ao passo 1 da jornada analítica.

Segundo Rony, a reposição inteligente é apenas o passo que antecede ao da retirada definitiva dos estoques das lojas. "Nesse dia, 100% das vendas acontecerão na Internet, seja dentro das lojas ou na casa do cliente." Essa tendência já é vista em diversas redes importantes pelo mundo, em que as lojas físicas se tornam *showrooms*. E Rony acrescenta: "Tudo acontecerá como hoje, com a diferença de que a mercadoria não sairá [da loja] em sacolas, mas será despachada direto de nosso centro de distribuição para a casa do cliente. A venda, em termos logísticos, será feita 100% pela Internet." Por minha vez, acredito que, para atingirem esse objetivo, as redes varejistas deverão investir muito na experiência do cliente dentro das lojas: oferecer serviços de customização; lojas conceito; provadores inteligentes – nos quais os clientes podem experimentar, e criar eles próprios os seus próprios produtos, por customização.

Nessa loja o cliente pode, através de um aplicativo, finalizar suas compras (*self checkout*), solicitar entregas de roupas nos provadores e agendar atendimentos com estilistas da marca. Por esse meio, a empresa se conecta de uma forma muito mais íntima ao seu cliente e, ao mesmo tempo em que converte novas vendas, coleta seus dados e entende seu comportamento (lembra do *WhatsApp* e do *Cassino Caesars*?).

Para personalizar seus produtos, o cliente pode escolher cores, estampas, bordados, desenhos e materiais em um verdadeiro laboratório dentro de um espaço destinado à criatividade. De fato, uma experiência única, que não só estimula a venda, como também faz com que uma empresa como a *Nike* conheça cada vez mais os gostos de seus clientes. Esse tipo de experiência certamente aumentará a fidelização. Clientes satisfeitos compram mais e compram novamente. Cada vez mais, os clientes serão tratados de forma individual, graças à utilização de CRMs inteligentes – quer dizer, do método utilizado na ciência de dados para criar campanhas, promoções e ações que aumentem a probabilidade de conversão de vendas.

3. Desafios trazidos pela LGPD para a jornada analítica no varejo

A agilidade com que as informações pessoais passaram a ser tratadas pela Inteligência Artificial tornou a utilização dos dados um fator inerente a qualquer atividade econômica, inclusive o varejo. Essa agilidade também tornou possível a descoberta de importantes aspectos da intimidade dos clientes, e trouxe para as empresas um diferencial competitivo e estratégico que não podemos deixar de lado quando pensamos em sucesso. Entretanto, e já há muito tempo, isso vem gerando questionamentos de caráter ideológico, filosófico, jurídico – questionamentos relacionados sobretudo ao receio de que o uso dos dados invada a privacidade, a liberdade e a própria formação da personalidade dos indivíduos.

A coleta de dados geral e irrestrita ainda é culturalmente entendida no Brasil como uma prática normal. Os controladores e operadores de dados (trazidos pela LGPD) sempre entenderam que apenas aos departamentos de segurança da informação cabia a gestão e a proteção, visando, essencialmente, à proteção do segredo comercial. Isso só passou a mudar à medida em que também mudaram as leis – e, em especial, com o advento da LGPD e da exposição dos controladores e operadores a situações como a perda de contratos, danos reputacionais e penalidades financeiras e administrativas (estas, em particular, são de tal gravidade que podem inviabilizar o negócio). A gigante *Google*, por exemplo, sofreu uma multa de cinquenta milhões de euros em 2019 por não fornecer informações suficientes aos usuários sobre suas políticas de dados;[51] já a companhia aérea *British Airways*, foi multada em cento e oitenta e três milhões de libras em 2018, devido a um vazamento de dados de quinhentos mil passageiros.[52]

A privacidade é entendida, sob o aspecto constitucional e legal, como forma de manifestação da própria personalidade das pessoas, de modo que passou a ser direito fundamental do indivíduo. É neste contexto que, antes mesmo da regulamentação da proteção de dados, surgiu, ainda na década de 1990, o conceito de *privacy by design*[53] – que significa "privacidade desde a concepção" e encontra-se atualmente incorporado tanto à LGPD brasileira quanto ao RGPD europeu. Os sete princípios básicos do *privacy by design* são: proativo e não reativo (as empresas devem prever acontecimentos passíveis de interferência ou comprometimento da privacidade); privacidade como regra (as informações dos clientes são sigilosas e em hipótese alguma devem ser reveladas); privacidade incorporada ao design (o desenvolvedor de um produto ou processo deve, desde o início da concepção do produto ou processo, incorporar-

51 Disponível em: https://tinyurl.com/mewh3n4. Acesso em: 11 mar. 2021.

52 Disponível em: https://tinyurl.com/2tb2dehs. Acesso em: 11 mar. 2021.

53 Ann Cavoukian. "Privacy by Design – The 7 Foundational Principles." Disponível em: 7foundationalprinciples.pdf (ipc.on.ca). Acesso em: 8 mar. 2021.

lhe ferramentas de privacidade); segurança completa (a privacidade deve ser mantida e protegida ao longo de todo o ciclo de vida dos dados); transparência (o titular dos dados deve poder saber como suas informações estão sendo usadas e o produto, sistema ou processo deve ser desenvolvido com medidas que previnam, garantam e comuniquem ao titular todas as suas possibilidades e riscos); respeito ao titular dos dados (o sistema deve ser *user friendly*, para que o cliente possa acessar seus dados e exercer seus direitos com facilidade).

No Brasil, tanto a Constituição de 1988 quanto o Código Civil de 2002 utilizam as expressões "vida privada" e "intimidade" sem conceituá-las. A Constituição também menciona a existência do sigilo de dados (além do sigilo de correspondência, das comunicações telegráficas e comunicações telefônicas) como direito fundamental. Parece que todos os termos, ao final, referenciam a mesma situação: a privacidade das pessoas. Também o Código de Defesa do Consumidor de 1990 confirmou esse conceito, já que reconhece o valor dos bancos de dados de cadastro de consumidores. Mais recentemente, em reação à ampla utilização dos dados para finalidades econômicas, o estado desenvolveu novos marcos regulatórios, como o Marco Civil da Internet e a LGPD, visando, ao final, a conferir às pessoas físicas mecanismos de controle do uso de seus dados. Em termos práticos, a fim de dar maior efetividade a este direito das pessoas físicas, a LGPD trouxe obrigações regulamentares específicas a serem observadas por qualquer pessoa física ou jurídica que manipule dados com finalidade econômica, conforme apresentarei resumidamente a seguir.

O artigo 18 da LGPD estabelece os direitos dos titulares de dados. São eles, entre outros: de obter do controlador os seus dados, mediante requisição; de ser informado sobre a existência de tratamento de dados; de ter acesso aos seus dados; de corrigir dados incompletos; de anonimizar os dados; de bloquear ou eliminar dados desnecessários, excessivos ou tratados em desconformidade com o disposto na lei; de eliminar dados pessoais tratados sem o consentimento do titular (e quando o tratamento não estiver adequadamente enquadrado em outra base legal).

O artigo 7º, por sua vez, estabelece as dez principais hipóteses em que se pode tratar dados de pessoas físicas, que são: consentimento do titular; para o cumprimento de obrigação legal ou regulatória pelo controlador ou pela administração pública; para o tratamento e uso compartilhado de dados necessários à execução de políticas públicas; para a realização de estudos por órgão de pesquisa (mediante anonimização, quando possível); para a execução de contrato ou de procedimentos preliminares relacionados a contrato; para o exercício regular de direitos em processo judicial, administrativo ou arbitral; para a proteção da vida ou da incolumidade física do titular ou de terceiro; para a tutela da saúde, exclusivamente, em procedimento realizado por profissionais de saúde, serviços de saúde ou autoridade sanitária; quando necessário, para atender aos interesses legítimos do controlador ou de terceiros; para a proteção do crédito.

Atualmente, a LGPD encontra-se em vigor e para que uma empresa esteja, minimamente, em cumprimento com a lei, é necessário que tenha percorrido várias etapas. Segue as que considero mais importantes: engajamento da alta direção no processo de adequação à lei, para que seus processos, sistemas e produtos tenham como foco os direitos dos titulares (*privacy by design*); criação de um comitê de implementação multidisciplinar, que pode ser constituído por pelo menos um líder de cada departamento da empresa e que deve ter uma visão voltada para projetos; efetuação de uma avaliação de maturidade (*Gap Assessment*), com a finalidade de identificar as brechas existentes; estruturação e realização de treinamentos de conscientização dos departamentos da empresa; escolha de um encarregado de proteção de dados (*Data Protection Officer* – DPO); elaboração de políticas de privacidade, avisos de privacidade, avisos de cookies; mapeamento dos dados existentes e de seu fluxo dentro da organização (os documentos resultantes devem identificar as situações em que haja transferência internacional de dados); elaboração e negociação dos ajustes contratuais básicos nas hipóteses em que haja transferência internacional de dados; estruturação de um processo de gestão e notificação de incidentes (art. 48 da LGPD); elaboração de Relatório de Impacto de Proteção de Dados (RIPD), recomendável em todos os casos e obrigatório quando o controlador trata dados com base no legítimo interesse (art. 10, parágrafo 3º da LGPD); contratação de seguros (cibernético, de responsabilidade civil para o encarregado etc.).

Depois de implementadas todas essas etapas, estará implantado o "programa de conformidade à LGPD" que não deve ser encarado como uma linha de chegada, mas sim como um processo ao qual deve ser dada continuidade: o "programa" deverá ser periodicamente revisto e melhorado, além de constantemente fiscalizado pelo DPO, a quem deve ser conferida independência de atuação em relação à diretoria executiva. O percurso pode ser especialmente complexo e custoso em uma empresa que trate um grande volume de dados, como no caso do varejo. Por outro lado, estudos[54] já indicam que o investimento na privacidade dos clientes pode ser lucrativo – é o caso do estudo da Cisco, realizado em 2020 com base em cerca de duas mil e oitocentas empresas de treze países, inclusive do Brasil. Segundo a Cisco, em grande parte dos casos (40%) o ROI (*Return on Investment*) do departamento de privacidade é de pelo menos duas vezes o valor investido, girando em torno de três dólares por dólar no Brasil e dois dólares

54 Investir em privacidade é lucrativo: empresas recebem US$2,70 por dólar investido – "Privacy Tech". Portal sobre privacidade e proteção de dados. Acesso em: 9 mar. 2021.

e sessenta por dólar nos Estados Unidos. O que só comprova que vale a pena investir em uma jornada analítica devidamente adaptada à proteção dos dados.

3.1. Desafios para o uso das bases legais de tratamento nas relações entres as empresas B2C e seus clientes

Em empresas do varejo, o acesso aos dados dos clientes torna a comunicação mais direta, personalizada, assertiva, e é relevante tanto para a empresa quanto para o cliente. Afinal, é possível enviar para cada cliente uma mensagem distinta, de acordo com o seu perfil, histórico e comportamento de compra, desenvolver programas de fidelidade, estratégias de comunicação, relacionamento, vendas e muito mais (lembra do CRM inteligente?). A priori, a utilização dos dados parece levar a uma relação "ganha-ganha".

Como se sabe, muitos varejistas criam programas de fidelidade com o objetivo de atrair e manter clientes, para que sempre comprem mais. Não tardou até que as empresas percebessem que os cadastros dos programas de fidelização podiam ser fontes de receitas adicionais, caso fossem tratados dentro da jornada analítica que mencionamos aqui – ou seja, caso o tratamento dos dados fosse voltado para a identificação do perfil de cada cliente, de suas tendências de consumo e seu poder aquisitivo, e, por conseguinte, deixado à Inteligência Artificial o papel de gerar ofertas e sugestões de consumo personalizadas. Neste ponto os bancos de dados foram transformados em um produto em si, e passaram a ser comercializados (o que, com a LGPD, passou a ser ilegal).

O consentimento do cliente é a melhor garantia às empresas em casos de coleta e uso de dados para fins de programas de fidelidade, ofertas personalizadas e qualquer outro tipo de comunicação. A finalidade da coleta deve, porém, ser informada de forma transparente e o acesso do cliente ao produto e serviço não deve ser condicionado a tal consentimento – o qual deve ser manifestado de forma clara, e não deve ser induzido. Por fim, a empresa deve armazenar prova de que o cliente concedeu seu consentimento, e de que a retirada do consentimento pode ser facilmente realizada. Como o cliente tem o direito de retirar o consentimento a qualquer hora, se isso ocorrer, a empresa deve cessar imediatamente o tratamento de seus dados.

Um bom exemplo prático de como o varejo ainda está iniciando os processos de adequação à LGPD é o varejo de moda feminina. Ainda é comum que em lojas desse ramo os clientes sejam questionados sobre seu desejo de serem notificados sobre promoções e descontos especiais pelo *WhatsApp* – prática que não pode mais perdurar em nenhuma hipótese sem o consentimento explícito (formal) da cliente (titular dos dados), ou sem que seja condicionada a uma finalidade específica e clara.

Para garantir conformidade à LGPD, o programa de CRM de qualquer empresa varejista[55] – associado ou não a um programa de fidelidade – deve observar os seguintes pontos: o mecanismo de coleta de dados deve ser objetivo e claro; a coleta deve ser restrita ao mínimo necessário à execução da finalidade especificada; os dados não devem ser compartilhados, salvo quando necessário ou quando houver consentimento; em qualquer caso, deve haver transparência ao cliente, que deve ter ciência do possível compartilhamento com parceiros; em caso de coleta de dados sensíveis, cuidados adicionais são requeridos; em caso de programa de fidelidade, deve ser implementado um mecanismo de gestão do consentimento, deve haver uma possibilidade de saída de fácil execução e os clientes devem ter acesso, por meio de consulta, à revisão, alteração ou exclusão de seus dados, a qualquer momento; e, para minimizar brechas na segurança das informações – incluído acesso indevido –, o departamento de TI deve assegurar que os ativos tecnológicos estejam atualizados e configurados.

Ou seja, mesmo se os consumidores do varejo já contavam com proteção jurídica de seus dados antes da LGPD, é a partir dessa nova lei que as empresas passam a lidar com um fator de risco antes inexistente, com uma regulamentação específica – em tudo aplicável à jornada analítica proposta neste capítulo para o varejo. Investir na jornada analítica é inevitável para as empresas

---

55 Fernando Marinho. *Os 10 Mandamentos da LGPD – Como implementar a Lei Geral de Proteção de Dados em 14 passos*. Rio de Janeiro: Atlas, 2020.

que buscam sobreviver: para que sejam reduzidos os riscos de que incidentes ou outras inadequações causem danos reputacionais ou penalidades, fazê-lo em cumprimento com a LGPD é muito importante. Ainda que a implementação da LGPD no varejo seja mais desafiadora, acredito que a evolução desse processo criará mecanismos que facilitarão esses controles.

Conclusões

Em todas as áreas de negócio existem oportunidades relacionadas à utilização de dados na melhoria das tomadas de decisão, no aumento da produtividade, na redução de custos, entre outras inúmeras medidas que podemos tomar para alavancar nossas empresas ou negócios através do uso da Inteligência Artificial. Porém, a inclusão de I.A. não é trivial e, na verdade, faz parte do último estágio de maturidade de uma jornada analítica.

Uma jornada analítica é dividida em cinco passos (analítico descritivo, analítico diagnóstico, analítico preditivo, analítico prescritivo com suporte à decisão e analítico prescritivo com decisão automatizada), o que não significa que devam ser sempre executados para todos os problemas de negócio.

O passo 1 (analítico descritivo) diz o que aconteceu. Aqui, o trabalho humano é muito maior do que o esforço analítico da máquina. No passo 2 (analítico diagnóstico), pretende-se dar resposta à pergunta: "por que aconteceu?" Aqui, o trabalho humano começa a diminuir. Quando a fronteira do passo 3 é ultrapassada, paramos de olhar o passado e passamos a olhar o futuro; é o analítico preditivo. Neste passo, ainda se demanda algum esforço humano de interpretação (bem menos que nos passos anteriores, mas isso significa que é importante criarmos a cultura de interpretação de modelos preditivos, e pensarmos em gerar os resultados dos modelos de forma que facilitem essa interpretação). Depois, no passo 4 (analítico prescritivo com suporte à decisão), a máquina passa a sugerir ações cujas decisões ainda competem aos humanos. E, no passo 5 (analítico prescritivo com decisão automatizada), a máquina adquire autonomia para tomar decisões.

No varejo isso não é diferente e há um oceano de oportunidades em todos os passos da jornada analítica. A modelagem da jornada do varejo requer que se pense nos problemas de negócio que precisam ser resolvidos. Algumas das perguntas que precisam ser respondidas sem hesitação são: por que resolver esse problema é algo importante? dada uma solução hipotética para esse problema, como isso afetaria a empresa? já temos a capacidade de agir com base nessa solução, ou também precisamos desenvolver essa habilidade? como vamos medir a solução implementada? o que faria dela um sucesso?

Depois do que vimos, não temos dúvidas do sucesso da aplicação de ciência de dados e Inteligência Artificial no varejo. Não hesite em começar a jornada, são muitas oportunidades na mesa. E, assim como no varejo, exerça a jornada analítica em todos os outros segmentos de negócio; invista em tecnologia e muitos frutos serão colhidos.

Ressalve-se, todavia, que a utilização da jornada analítica, atualmente, deve estar em conformidade com a LGPD, legislação de proteção de dados inspirada no regulamento europeu. Culturalmente, a coleta de dados ampla e irrestrita ainda é entendida no Brasil como uma prática normal. Os controladores e operadores de dados (trazidos pela LGPD) sempre entenderam que apenas aos departamentos de segurança da informação cabia gerir e proteger, visando, essencialmente, à proteção do segredo comercial, mas, agora, isso é um problema de todas as empresas, em todos os seus departamentos.

Em empresas do varejo, o acesso aos dados dos clientes sempre torna a comunicação mais direta, personalizada, assertiva, e é relevante tanto para a empresa quanto para o cliente. Estas empresas, seus produtos e seus bancos de dados precisam passar por uma adequação à LGPD. O uso dos dados de uma clientela deve ser feito conforme um processo de proteção, de modo que as empresas estejam em conformidade com a lei e que sejam reduzidos os riscos de perda de clientes ou contratos, de danos reputacionais e de penalidades financeiras de alto impacto.

Referências adicionais:

BIONI, Bruno Ricardo. *Proteção de Dados Pessoais: A Função e os Limites do Consentimento*. 1 ed. Rio de Janeiro: Forense, 2019.

BRASIL. *Constituição da República Federativa do Brasil de 1988*. Brasília, DF: Presidência da República, [2021]. Disponível em: Constituição (planalto.gov.br). Acesso em: 21 fev. 2021.

BRASIL. Lei nº 13.709, de 14 de agosto de 2018. Lei Geral de Proteção de Dados Pessoais (LGPD). Diário Oficial da União, Brasília: DF, 15 ago. 2018. Disponível em: L13709 (planalto.gov.br). Acesso em: 21 fev. 2021.

BRASIL. Lei nº 12.965, de 23 de abril de 2014. Estabelece princípios, garantias, direitos e deveres para uso da Internet no Brasil [Marco Civil da Internet]. Diário Oficial da União, Brasília: DF, 24 abr. 2014. Disponível em: L12965 (planalto.gov.br). Acesso em: 21 fev. 2021.

DONEDA, Danilo. "Considerações iniciais sobre os bancos de dados informatizados e o direito à privacidade". Disponível em: Considerações iniciais sobre os bancos de dados informatizados e o direito à privacidade (ufsc.br). Acesso em: 28 fev. 2021.

HARARI, Yuval Noah. *Homo Deus, uma breve história do amanhã*. São Paulo: Companhia da Letras, 2016.

MARINHO, Fernando. *Os 10 Mandamentos da LGPD – Como implementar a Lei Geral de Proteção de Dados em 14 passos*. Rio de Janeiro: Atlas, 2020.

MEISLER, Rony; PUGLIESI, Sergio. *Rebeldes têm Asas*. Rio de Janeiro: Sextante, 2017.

PROVOST, Foster; FAWCET, Tom. *Data Science for Business*, Sebastopol, CA: O´Reilly Media, 2013.

CAPÍTULO 4

A CADEIA PRODUTIVA DOS DADOS - O COMBUSTÍVEL DA TRANSFORMAÇÃO DIGITAL

Rebecca Barros

São os dados o novo petróleo?

Na chamada Era Digital, o comportamento da humanidade foi transformado por uma mudança na forma de interagir com a tecnologia. Houve mudanças profundas nas interações entre humanos, e entre humanos e máquinas, que aproximaram os fenômenos globalmente, tanto no mundo físico quanto no virtual. Esse caminho sem volta (será?) elevou significativamente as redes de conexões colaborativas, interligou globalmente os eventos e as experiências, e alterou as expectativas dos seres humanos enquanto consumidores, usuários, indivíduos, e enquanto força de trabalho.

O aumento do poder computacional – causado principalmente pela queda exponencial dos custos de processamento,[56] e impulsionado pela digitalização das atividades humanas e das operações produtivas – causou um dos mais relevantes fenômenos da atualidade: uma avalanche de dados. Para dar uma ideia deste fenômeno, basta mencionar que, segundo estimação, em 2021, a cada minuto um milhão e seiscentos mil dólares serão gastos em compras online, setenta milhões de mensagens enviadas no *WhatsApp* e seiscentos e noventa e cinco mil *stories* compartilhados no *Instagram*.[57]

Aliada a esta profusão de dados, a mudança das expectativas dos seres humanos enquanto consumidores de novas experiências alterou significativamente a dinâmica dos mercados. Neste novo cenário, a relevância das instituições é diretamente relacionada à sua capacidade de transformar esses dados em informação, essa informação em conhecimento, esse conhecimento em ações e essas ações em valor para os seus clientes/funcionários. Chamamos este ciclo de "cadeia produtiva dos dados".

Muito se diz que os dados são o novo petróleo[58] – ou seja, que são os recursos mais valiosos do mundo atualmente. Essa analogia faz senti-

56 Disponível em: https://tinyurl.com/wkd8mhxu.

57 Disponível em: https://tinyurl.com/yafw8dbs.

58 Matéria da Revista *The Economist* publicada em maio de 2017 à qual é atribuída o início desse jargão. Disponível em: https://tinyurl.com/u9u3unmx.

do não apenas em termos de valor, mas também por conta da dificuldade no processo de "extração e refinamento". Por extração, entendemos o processo que vai da geração dos chamados dados brutos nas suas diversas formas e tipos,[59] à capacidade de integrar essas diversas fontes de dados a um ambiente tecnológico apropriado – e que provê agilidade e segurança em todo o seu ciclo. Por refinamento, entendemos os processos, técnicas, *softwares*, e pessoas que extraem informações a partir desses dados e os interpretam para que decisões e ações sejam tomadas na ponta final da cadeia produtiva. Acredite: diante do volume de dados com o qual lidamos hoje, o esforço aqui pode ser comparado ao processo de extração e refinamento de petróleo no pré-sal.

Vejamos. Suponha que os engenheiros da *Boeing* resolveram desenvolver algoritmos preditivos para antecipar falhas nas turbinas das aeronaves 737. Para realizar esse projeto, deverão constituir a massa de dados sobre as quais os algoritmos serão construídos. Suponha que também resolveram capturar e armazenar os dados gerados nos sensores das turbinas dessas aeronaves dentro dos Estados Unidos durante um ano de voo. Em média, os sensores de cada turbina geram aproximadamente 20 Terabytes de dados por hora.[60] Um *Boeing 737* possui

---

59 Na próxima sessão serão detalhadas essas formas de captura de dados e os seus diversos tipos.

60 Akerkar, R. (2014). "Analytics on Big Aviation Data: Turning data into insights. International Journal of Computer Science and Applications", p. 116-127.

duas turbinas, o que significa um volume de dados de 40 TB/Hora. Suponhamos um tempo médio de voo de seis horas (de Nova Iorque a Los Angeles, por exemplo). Se as multiplicarmos pelos mais de vinte e oito mil voos diários realizados no país, obteremos um volume de dados superior a dois bilhões de TB em um ano. É como se estivéssemos falando de um quintilhão e quinhentos e vinte e sete quatrilhões (1.527.000.000.000.000.000) de livros.[61]

Essa analogia serve para ilustrar a capacidade computacional necessária à realização de tal tarefa. Observe que não chegamos nem a mencionar as demais fontes que poderiam ser acrescentadas à análise, como por exemplo: dados meteorológicos; históricos de manutenção; dados dos pilotos responsáveis pelos voos; e quaisquer outras que os cientistas de dados e os especialistas em manutenção das turbinas *Boeing*, no intuito de elevar a capacidade preditiva dos seus algoritmos, decidissem acrescentar às análises.

Entretanto, a posse de uma arquitetura tecnológica que suporte a carga computacional não garante que os dados sejam "refinados" adequadamente. (Na verdade, antes disso é importante saber "se" os dados utilizados respondem adequadamente à demanda feita.)[62]

---

61 Agradeço ao amigo Fernando Perez por sugerir este exemplo.

62 Ver o caso do "Survivor Bias" para entender o impacto do viés dos dados faltantes (Missing Data Bias).

Diferentemente do refino de petróleo, que segue processos físicos e químicos padronizados, não há regras preestabelecidas para o refino de dados. Portanto, a qualidade deste refino é diretamente relacionada à qualidade técnica, à imparcialidade e à perícia dos profissionais nele envolvidos.[63]

Os principais estágios desse processo, seus principais atores e componentes é o que vamos explorar em detalhes na sessão seguinte.

Cadeia produtiva dos dados

As fontes de matéria-prima

Os dados são a principal matéria-prima dessa cadeia produtiva – a partir deles se desencadeiam todos os processos de análise. Antes da Internet e das interações digitais,[64] havia basicamente duas formas de obtenção de dados: através da coleta e armazenagem das transações que pessoas físicas ou jurídicas realizavam nas suas interações cotidianas (consultas de um consultório médico, contratação de funcionários etc); e, através de pesquisas, entrevistas, observações de campo e questionários.

---

63 Muitas vezes os algoritmos desenvolvidos carregar todos os vieses dos profissionais envolvidos na sua construção. Para um maior aprofundamento no tema ver https://editoraruadosabao.com.br/algoritmosdedestruicaoemmassa/.

64 Desde o seu início na segunda metade da década 90 até hoje, a penetração da Internet saiu de 0% para 60% da população mundial adicionalmente. Disponível em: https://tinyurl.com/yuxdcwxr e em https://tinyurl.com/563bvujy.

O crescimento da relevância da Internet, medido tanto através do uso pela população mundial quanto da conexão com os equipamentos industriais – fenômeno conhecido como convergência IT/OT –, desencadeou uma infinidade de formas de geração de dados em grande volume, velocidade e variedade – fenômeno conhecido como "*Big Data*". Após essa revolução digital – que permitiu capturar tanto os dados gerados pelas interações humanas quanto aqueles gerados pelas atividades das máquinas e equipamentos dos processos industriais –, houve uma elevação significativa das fontes de dados. Hoje, as maiores fontes de massa são: sensores; arquivos escaneados; arquivos multimídia – áudios, vídeos, imagens; dados de funcionamento – uso de CPU, temperatura de máquinas etc.; dados extraídos de redes sociais; dados públicos disponibilizados na Internet pelo governo ou por empresas privadas; arquivos internos; e, dados extraídos de páginas na *web* (*web scrapping*).

Podemos afirmar que, nessa etapa inicial da cadeia de dados, a principal dificuldade já não está mais em buscar matérias-primas a serem transformadas em informação, e sim em discernir os dados relevantes em função de perguntas específicas. As fontes de dados podem ser classificadas em primárias, secundárias ou terciárias. Diz-se que um determinado dado é primário quando a empresa ou instituição que o consome é, ela própria, responsável pela sua geração. Quando uma instituição faz uma pesquisa de opinião, ou quando uma empresa coleta os dados de compras dos seus clientes para analisá-los, são gerados dados primários. Secundários são os dados gerados por uma outra instituição e fornecidos através de algum acordo de parceria mutualmente benéfico. Por exemplo, uma empresa aérea pode fornecer seus dados de voos a uma empresa de hotelaria para que esta otimize a localização de seus hotéis. Já os terciários são capturados por instituições que em geral não são geradoras primárias e são fornecidos ou comercializados para empresas terceiras. Normalmente, os dados de mercado se encontram nesta categoria – existem empresas especializadas em colecionar esses dados e comercializá-los.

Tipos de matéria-prima

As fontes diversas produzem basicamente dois tipos de dados, os estruturados e os não-estruturados.[65] Estruturados são os dados que podem ser organizados através de bases de dados relacionais disponibilizadas usualmente em linhas e colunas que se interconectam. Referem-se usualmente a números, datas e nomes, e atualmente representam aproximadamente 20% do estoque de dados. Alguns exemplos de dados estruturados são datas, números de telefone, nomes ou números de produtos, endereços e no-

65 Disponível em: https://tinyurl.com/ysa42yhj.

mes de clientes. Por sua vez, os dados não-estruturados representam 80% do volume de dados existentes e podem ser textuais ou não, gerados tanto por humanos quanto por máquinas, e são compostos normalmente por formatos de vídeo, imagem, texto, documento e áudio. Armazenar, acessar, tratar e manusear esses dados exige conhecimentos específicos, normalmente associados a aplicações de *Big Data* ainda em estágio de evolução e desenvolvimento.

Os dados também podem ser internos ou externos. Dizemos que os dados são internos quando são gerados pela própria instituição que os utiliza. Por exemplo, os dados das transações de compra e venda de produtos de uma empresa são internos; ao passo que os dados dos preços de mercado dos seus concorrentes são externos. Ambos devem ser capturados de alguma forma – a diferença é que os internos são extraídos dos próprios sistemas transacionais e fontes internas da empresa, e os externos precisam ser comprados de instituições terceiras, capturados através de *crawlers* (robôs) na Internet, ou simplesmente adquiridos em pesquisas de campo primárias (o formato mais antigo e analógico).

As camadas da cadeia produtiva e da arquitetura tecnológica

Podemos segmentar a cadeia de suprimentos de dados em seis camadas, as quais, por sua vez, estão também associadas às camadas tecnológicas que as suportam.

A primeira é a camada física, em que se encontram as pessoas, os equipamentos industriais, dispositivos e as demais "coisas" (do termo *Internet of Things*, ou IoT) cujas atividades e interações em tempo real geram os dados. Este é o início da cadeia produtiva, e é onde se encontram as fontes que fornecerão dados, estruturados ou não, a serem posteriormente transformados. A segunda camada é a de aquisição dos dados. Nela, os conectores fazem a conexão entre as diversas fontes e plataformas de dados em uma série de caminhos e formatos, aderentes ao tipo dos dados, à volumetria e à latência estabelecida. Na terceira camada, de processamento, agregação e transformação, os diversos conjuntos de dados (*Data Sets*) começam a ser integrados e agregados em bases mais amplas. Nesta camada se iniciam os processos de limpeza e curadoria, que preparam os dados para futuro uso. Na quarta camada, de armazenamento e acesso, os dados são armazenados em uma série de formatos e plataformas, aderentes aos diversos usos aos quais serão destinados. Aqui é onde encontramos os diversos *DataWarehouses* e *DataLakes* construídos pelos engenheiros de dados, que servirão de repositórios analíticos para que os cientistas de dados possam dar sequência ao processo. A quinta camada é a de consumo e análise. A esta altura, os primeiros ingredientes já estão devidamente armazenados e as camadas de acesso desenvolvidas. Nesta camada se encontram os componentes tecnológicos que permitirão a análise dos dados e sua transformação em informação e conhecimento. Em geral, iniciam-se propriamente aqui os trabalhos dos cientistas de dados. É aqui que os algoritmos são desenvolvidos e os diversos *dashboards* e aplicações são construídos. Os usuários finais de negócio, consumidores e tomadores de decisão interagem com as soluções geradas, a partir das quais desenvolverão suas linhas de iniciativas e ações. A camada que encerra o ciclo de vida do dado é a de tomada de decisão ou geração de valor. É nesta camada que se volta a interagir com os processos do negócio, e é onde as ações oriundas do conhecimento gerado pelas análises dos dados são postas em prática. Aqui pode haver interação humana, mas as decisões já podem ser postas em prática de forma totalmente automática. Por fim, as tecnologias necessárias à realização da governança e da segurança de toda a cadeia produtiva complementam essas seis camadas, perpassando-as transversalmente.

A cadeia de suprimento dos dados segue processos e padrões que podem ser representados pelas metodologias de *Data Management* e *Knowledge Discovery* (DM e KD). A metodologia mais utilizada pelo mercado é a CRISP-DM (*Cross Industry Standard Process for Data Mining*), resultado de uma série de *workshops* entre os anos de 1997 e 1999 e da participação de mais de trezentas organizações. Sua primeira versão foi publicada em 1999.[66]

---

66 Disponível em: https://the-modeling-agency.com/crisp-dm.pdf.

O CRISP-DM é subdivido em 6 fases

ENTENDIMENTO DO NEGÓCIO. Nesta fase são definidas as questões de negócio a serem resolvidas com a utilização dos dados. São definidos os resultados esperados para o negócio e é feita a montagem do plano do projeto de *Data Science/Mining*. É estudada a viabilidade ("*feasibility*") do projeto; são estimados os esforços (pessoas, tempo, recursos financeiros e tecnológicos); e montados os "*Business Cases*" para avaliação da viabilidade econômica do projeto, ou seja, seus custos e benefícios potenciais. O problema de negócio que se pretende resolver e suas características são explorados nesta fase – e é nela que se faz uma primeira triagem, a fim de que seja determinado se a continuação do projeto faz ou não sentido.

ENTENDIMENTO DOS DADOS. Nesta fase são identificados os dados existentes e quais deles estão disponíveis para utilização. Esta fase se inicia com o levantamento dos dados existentes (internos e externos), e com a definição de uma estratégia para capturá-los e adquiri-los. Após serem coletados, os dados brutos – ou crus ("*Raw Data*") – são explorados, e são avaliadas sua completude e sua qualidade. As primeiras impressões e compreensões dos dados são geradas nesta fase – essa avaliação permite definir se o projeto seguirá para a fase seguinte ou se será necessário revisitar a fase anterior de entendimento do negócio. É comum nesta fase que nos deparemos com ausência de dados ("*missing values*") ou com dados sem qualidade – o que significa que algumas perguntas de negócio a que se pretendia responder não poderão ser exploradas. Também o reverso ocorre. Muitas vezes bases de dados, antes desconhecidas, cuja existência não se imaginava, se tornam disponíveis, e ampliam o rol de perguntas a serem respondidas. Não à toa existe uma seta de retroalimentação entre essas duas fases, e em muitos projetos elas são realizadas de forma simultânea.

PREPARAÇÃO DOS DADOS. Nesta fase, as bases analíticas são montadas. Após captura e análise de qualidade e completude dos dados, começa a fase de preparação dos dados e montagem das bases analíticas. Em geral, as bases brutas se apresentam em um formato transacional, em que os dados não possuem sentido temporal ou espacial, e ainda não se relacionam entre si. Esta etapa é, portanto, destinada a selecionar, tratar, limpar, harmonizar e formatar as bases analíticas. (Minha experiência me permitiria dizer que cerca de 80% do tempo e do esforço de um projeto analítico é desdobrado até esta fase.)

MODELAGEM. Nesta fase, são desenvolvidos os algoritmos/modelos matemáticos. Uma vez que os dados podem ser trabalhados, pode começar a fase de modelagem. O modelo é desenvolvido através da seleção das técnicas adequadas, aderentes ao propósito do resultado da análise. São feitos o desenho dos testes, a construção dos algoritmos e a avaliação da performance da modelagem. Caso haja necessidade – o que acontece geralmente –, os pesquisadores retornam à fase anterior para revisitar as bases de dados e enriquecê-las com dados que não haviam sido identificados.

AVALIAÇÃO. Nesta fase são definidas as ações a serem tomadas a partir dos resultados encontrados. De posse dos modelos devidamente calibrados, passamos à fase de avaliação dos resultados e dos possíveis *insights* por eles gerados. Esses resultados são interpretados e avaliados do ponto de vista do domínio de negócio e comparados com a base de conhecimento dos especialistas. Nesta fase é feita uma revisão do processo a fim de que sejam identificadas possíveis falhas (será que alguma variável importante ficou de fora?), e uma avaliação das possíveis decisões a serem tomadas a partir dos resultados encontrados.

IMPLEMENTAÇÃO. Nesta fase, os modelos são implementados, as ações de negócio são exercidas e os resultados são mensurados. Após ter sido feita a constatação de que os modelos estão devidamente calibrados e performáticos, é feito o planejamento de sua implementação, de sua manutenção e de seu monitoramento. Também nesta fase é executado o plano de ações, que implica a captura de benefícios tangíveis ao negócio.

Recursos necessários

À execução de todo o ciclo da cadeia produtiva dos dados – além dos próprios dados e dos processos já explorados anteriormente –, podemos adicionar mais três tipos de recursos: os humanos; os tecnológicos ou computacionais; e os científicos.

Recursos humanos

O termo "recursos humanos" diz respeito às equipes de profissionais atuantes segundo uma lista de competências tangentes tanto às disciplinas de tecnologia e ciência de dados quanto ao domínio funcional dos assuntos para os quais estão sendo gerados conhecimentos e serão realizadas as ações. Cada perfil tem seus papeis e suas responsabilidades dentro da cadeia produtiva do dado. Abaixo a descrição desses papeis.

ESTRATÉGIA. Estabelecer uma missão e uma visão da organização de dados e *analytics* – ou a estratégia do projeto. Promover transformação e inovação no negócio através dos dados.

INSIGHTS DE NEGÓCIO. Levantar as perguntas de negócio que podem ser respondidas através de dados. Traduzir demandas de negócios para soluções analíticas, estruturando propostas de soluções e acompanhando o desenvolvimento do projeto. Traduzir os resultados dos modelos em ações concretas que tragam valor e benefícios.

DESENHO DA SOLUÇÃO. Entender as necessidades e oportunidades de negócio e desenhar a abordagem de dados e *analytics* mais apropriada para atendê-las, do ponto de vista tanto metodológico, quanto funcional e tecnológico. Gerar, a partir de modelos analíticos, *insights* para tomadas de decisão.

AQUISIÇÃO DE DADOS. Adquirir dados internos e externos, estruturados e não-estruturados. Desenvolver e implementar tecnologias de captura dos dados, incluindo APIs e *crawlers* de captura e rotinas de integração das diversas fontes.

PREPARAÇÃO DE DADOS. Preparar dados de diversas fontes, de maneira a padronizá-los para posterior exploração e análise. Montar modelos de dados e bases analíticas para posterior modelagem.

MODELAGEM E *INSIGHTS*. Desenvolver e aplicar modelos de AI e ML, e explorar bases de dados para geração de *insights* de negócio.

VISUALIZAÇÃO E DESENVOLVIMENTO DE APLICAÇÕES. Provisionar a visualização das análises em *dashboards* e desenvolver aplicações para os usuários finais, tomadores de decisão.

GESTÃO E GOVERNANÇA DE DADOS. Gerir a qualidade dos dados e estabelecer padrões, processos e política de conformidade e governança.

INDUSTRIALIZAÇÃO DAS SOLUÇÕES. Industrializar e automatizar o processo de desenvolvimento dos algoritmos e aplicações.

GOVERNANÇA DE *ANALYTICS*. Gerir portfólio de projetos e organizar *analytics*, priorizando iniciativas, provendo diretrizes e melhores práticas, e acompanhando métricas de desempenho.

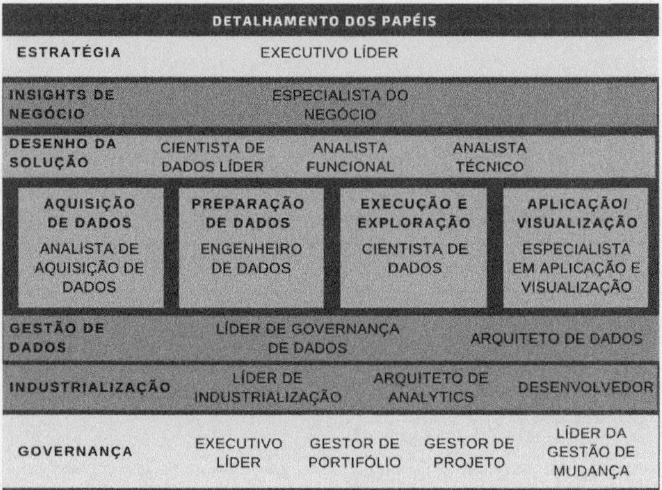

Recursos tecnológicos e computacionais

Os recursos tecnológicos são compostos por todos os conjuntos de componentes, *hardwares*, *softwares* e equipamentos necessários à operacionalização do processo dos dados e análise – incluindo os ativos físicos necessários à geração de dados primários, como câmeras, sensores e "*wearables*". A montagem de uma estrutura capaz de realizar todo o processo da cadeia de suprimentos do dado requer prévia definição de uma arquitetura tecnológica, e suas diversas camadas. Uma vez definida, tal arquitetura deve ser povoada por diversos componentes – os quais, instalados de forma integrada, permitem fluência dos dados. Existe uma infinidade de componentes disponíveis no mercado; e este número cresce a cada dia. Portanto, para que seja feita a definição mais apropriada dos componentes, de acordo com a necessidade de cada situação, é fundamental a todo empresário que possa contar com a presença de especialistas no assunto.

Recursos científicos - técnicas

Por recursos científicos entendemos as principais técnicas utilizadas nesse processo produtivo. Aqui estamos falando das técnicas matemáticas, estatísticas e de aprendizado de máquinas que são utilizadas para transformar os dados em informação, conhecimento e decisão. É difícil, senão impossível, listar todas as técnicas que podem ser utilizadas na geração de *insights* com os dados. Todavia, se focamos nossa observação na esfera do aprendizado de máquina, distinguimos três classes de técnicas.

A primeira é o aprendizado supervisionado, em que os dados e os algoritmos são desenvolvidos através de dados de entrada e saída. Neste caso a resposta desejada está dentro do conjunto de dados utilizados para "treinar" estes algoritmos. Dentre as técnicas mais utilizadas para resolver problemas de aprendizado supervisionado estão as de regressão (linear; não-linear; logística) e as de classificação (árvores de decisão; k-vizinhos mais próximos; *Naive Bayes*). A segunda é o aprendizado não-supervisionado, em que o agrupamento e a interpretação são feitos unicamente mediante consideração dos dados de entrada, e não se sabe ao certo a resposta correta anotada nos dados em geral. Dentre as técnicas mais conhecidas para resolver problemas de aprendizado não-supervisionado estão as "clusterizações" (agrupamentos), como *K-means* e *K-medians*; as redes neurais; e, a análise dos componentes principais. E a terceira é o aprendizado por reforço, em que algoritmos são desenvolvidos para que possam – em considerando recompensas e punições – tomar a melhor decisão em função das circunstâncias.

Desafios e recomendações

Desafios

A execução integral da cadeia produtiva dos dados é para todo empresário um desafio que requer a garantia de alguns parâmetros, dentre os quais, destacam-se: 1. Qualidade dos dados. Assim como a qualidade de um prato está diretamente associada à qualidade dos seus ingredientes, a qualidade de uma análise está diretamente associada à qualidade dos dados utilizados. Para que a qualidade dos dados seja garantida, é necessário não apenas que sua coleta seja feita corretamente, como também que todo o procedimento de limpeza e tratamento seja implementado de acordo com padrões e boas práticas. 2. Tempestividade dos dados. "Tempestividade" indica: no tempo certo, oportuno. De nada serve um processo produtivo de dados que não chega a quem vai utilizá-lo no momento correto, e que não permite ao tomador de decisão realizar uma ação antes do evento que quer influenciar. Equacionar a qualidade do processo com a velocidade do dado (velocidade de perpassar as seis camadas até chegar ao seu destino) é um enorme desafio. 3. Segurança e privacidade dos dados. Embora muitas vezes sejam usados de forma indistinta e remeterem a objetivos comuns, esses dois termos têm significados diferentes. "Segurança dos dados" diz respeito à proteção dos ambientes tecnológicos de forma a evitar ataques e vazamentos. Por sua vez, "privacidade dos dados" remete à forma de armazenamento e compartilhamento dos dados e das informações, e à garantia de sua correta utilização e destinação. O desafio no sentido de cumprir com tais requisitos é crescente: no caso da segurança, por conta da sofisticação dos *hackers*, que são incentivados pelo aumento do valor financeiro que se pode auferir com seus ataques; no caso da privacidade, por conta do controle legal após a entrada em vigor, em 2020, da Lei Geral de Proteção de Dados (LGPD) – que estabeleceu que nenhuma instituição pode utilizar dados de cidadãos sem o seu consentimento explícito, e cujas sanções podem levar a uma multa de até 2% do faturamento das empresas.

Adoção de soluções e implementação de uma cultura de tomada de decisão baseada em dados – hoje, os entraves para a adoção pelas empresas de um processo de tomada de decisão baseado em dados não estão mais na indisponibilidade de recursos humanos, tecnológicos ou computacionais. Diante, entre outros fatores, da diminuição exponencial dos custos computacionais e do aumento da disponibilidade de ferramentas e *softwares* no setor, os projetos se tornaram economicamente viáveis. Assim, o maior entrave hoje está nos aspectos culturais e na reatividade dos gestores em matéria de adoção de soluções analíticas.

Recomendações

Orquestrar a arquitetura tecnológica, os processos e as pessoas envolvidas na cadeia produtiva dos dados de forma a transpor esses desafios não é tarefa fácil. Seguem abaixo algumas recomendações:

Comece com as perguntas que quer responder e depois busque os dados necessários para respondê-las. Nunca colete antes de saber quais perguntas podem ser respondidas pelos dados coletados – esse é um grande erro que, infelizmente, muitas empresas ainda cometem. Não é incomum ouvirmos frases do tipo: — Estou construindo o meu "*Data Lake*". Às quais replicamos: — Para responder a que perguntas? Para, como tréplica, ouvirmos: — Não sei. Esse tipo de abordagem coloca os custos (com ambientes, equipes e manutenção dos dados) antes dos benefícios (valor gerado pelos dados) e, muitas vezes, inviabiliza a sustentação da cadeia produtiva. Para montar sua estratégia, pense primeiro nos resultados, nos objetivos e nos benefícios estimados. Na sequência, identifique os dados que poderão ser analisados, seus tipos, a viabilidade de obtê-los nas suas diversas fontes (internas e externas), e seu volume estimado. De posse desse conjunto de informações, estabeleça e implemente uma arquitetura tecnológica compatível. Então, finalmente, aloque as pessoas e processos necessários para implementar todo o ciclo.

Mensure sistematicamente o benefício gerado pela cadeia produtiva dos dados. Esta recomendação parece remeter a algo óbvio, mas essa prática, infelizmente, é ainda pouco aplicada. Muitas empresas desenvolvem suas análises e soluções baseadas em dados, mas falham na mensuração dos benefícios gerados por tais medidas. Essa falha impede que as soluções sejam aprimoradas continuamente e que haja racionalização e direcionamento daquelas que agregam benefícios concretos.

Monte times multidisciplinares (a complementariedade de competências é a chave). A análise dos dados não é um fim em si, mas um meio para se atingir certos objetivos. Esses objetivos estão normalmente relacionados à solução de problemas específicos, em um determinado domínio de conhecimento. Não adianta identificar a probabilidade de falhas em um equipamento ou estimar quais funcionários pedirão demissão nos próximos meses se não for para realizar manutenções preventivas no tal equipamento, ou assumir os custos com a indenização e a reposição de tais funcionários. Para que resultados efetivos possam ser gerados nesse sentido, cientistas e engenheiros de dados precisam, necessariamente, ser ladeados por especialistas de diversos domínios de conhecimento.

Implemente uma cultura de tomada de decisões baseada em dados. Para evitar o risco de que as soluções analíticas não sejam implementadas no dia a dia, faz-se necessário que os projetos de desenvolvimento estejam sempre acompanhados de estratégias de gestão de mudança e redesenho cultural.

CAPÍTULO 5

INTELIGÊNCIA ARTIFICIAL E O FUTURO DO ENTRETENIMENTO

Esteban Walter Gonzalez Clua

Em 1996, um acontecimento marca a área da Inteligência Artificial e dos jogos: pela primeira vez um computador vence um grande mestre de xadrez numa partida feita em condições normais. Trata-se do supercomputador *Deep Blue*, da IBM, que conseguiu vencer o campeão de xadrez Garry Kasparov. Embora Kasparov tenha retomado sua posição de campeão depois de ter vencido a máquina em outras três partidas no ano seguinte, o mesmo não aconteceria depois da atualização do *Deep Blue*: Kasparov acabaria perdendo duas vezes, empatando três e ganhando uma.

Mesmo sendo considerado um supercomputador naquela época, o *Deep Blue* ocupava a "modesta" posição 259 no ranking dos computadores mais poderosos do mundo, com uma capacidade de 11GFLOPS (onze bilhões de cálculos de pontos flutuantes por segundo). Já o computador que ocupa o primeiro lugar no ano de 2021 possui a capacidade de 442 Peta FLOPS[67] (um *petaflop* corresponde a um quatrilhão de operações por segundo – portanto quarenta milhões de vezes mais poderoso que o *Deep Blue*). No ano de 2021 uma única GPU da NVIDIA pode atingir sozinha a capacidade de 78TFLOPS, portanto sete mil vezes mais poderosa do que o *Deep Blue*.

Muitos anos depois, outro acontecimento marcaria a área: em 2015 o programa *AlphaGo* (posteriormente comprado pela *Google*) foi capaz de vencer uma partida do jogo go (figura 1) contra, Fan Hui, um dos campeões mundiais. (Façanha relatada em detalhes num documentário chamado *AlphaGo*, produzido pela *Netflix*.) O programa foi inclusive nomeado ao grado 9-dan, sendo assim considerado uma espécie de super mestre no jogo. Pensava-se que demoraria muito antes que um computador pudesse superar um humano nesse jogo, em função de sua grande complexidade. Enquanto no xadrez há mil e doze combinações de peças no tabuleiro, no go há dez mil cento e setenta e quatro. Um bom jogador de go precisa usar de mais criatividade e saber improvisar muito mais que um jogador de xadrez – tarefas muito mais complexas para uma máquina. Mas, por que exatamente queremos criar algoritmos que

---

67 Disponível em: www.top500.org/lists/top500/.

vencem o ser humano? Qual é a graça de jogar e competir com essas máquinas, sabendo que vamos sempre perder?

Os jogos têm como principal objetivo entreter, divertir. Aliás, qualquer atividade que não for lúdica ou divertida não pode ser chamada de jogo. E por que uma atividade como um jogo é capaz de nos trazer diversão? Aliás, que é diversão? Huizinga, um importante estudioso da ludicidade, define o jogo como "uma atividade ou ocupação voluntária, exercida dentro de certos e determinados limites de tempo e de espaço, segundo regras livremente consentidas, mas absolutamente obrigatórias, dotada de um fim em si mesmo, acompanhada de um sentimento de tensão e de alegria e de uma consciência de ser diferente da vida cotidiana".[68] Neste sentido, vemos que um elemento fundamental dos jogos é a regra. Não existe jogo sem regras; talvez seja este um dos motivos da grande proliferação de jogos digitais: regras são facilmente descritas por algoritmos – portanto, os jogos são relativamente simples de serem implementados e executados por uma máquina.

Game analytics

No que se refere aos jogos, esta é uma das áreas mais impactadas pela IA atualmente, e

---

68 Huizinga, Johan (2014). *Homo Ludens: o jogo como elemento da cultura*. São Paulo: Perspectiva.

uma das que mais o serão nos próximos anos. Em um jogo, a ludicidade é dada primeiramente pelo desafio que ele impõe, e depois pela sensação de triunfo que a superação desse desafio provoca no jogador. Nos jogos lúdicos, as recompensas são intrínsecas – ou seja, para serem completos, não necessitam de elementos externos. Aqui está a maior diferença entre eles e os jogos de azar, que não requerem nenhum trabalho intelectual e nos quais ganhar e perder estão fora do controle do jogador – caso não ofereçam uma recompensa externa (dinheiro, por exemplo), são geralmente tediosos e sem graça.

Nesse contexto, há uma teoria amplamente adotada pelos desenvolvedores de jogos, denominada "teoria do fluxo" – ilustrada pela figura 2, em que o eixo horizontal do gráfico corresponde à habilidade do jogador e o eixo vertical ao grau de dificuldade imposto pela mecânica do jogo. Se um determinado desafio for demasiado complexo em um dado jogo, sobrepassando as capacidades cognitivas de um dado jogador, este, sentindo-se incapaz de superá-lo, será levado a uma situação de frustração. Por outro lado, se os desafios forem triviais, o jogador será levado ao tédio, uma vez que a mecânica não está de acordo com suas capacidades. Na medida em que vai avançando e progredindo no jogo, é natural que o jogador aprenda e domine as mecânicas incialmente impostas. Logo, o jogo deve aumentar o grau de dificuldade dos desafios – sem, no entanto, alterá-los sobremodo, de forma que, para superá-los, o jogador possa usar os conhecimentos adquiridos.

Um dos grandes desafios que encontramos ao desenvolver um jogo diz respeito à adequação desta curva a uma gama ampla de usuários. Como cada jogador tem um perfil, uma experiência e uma cognição particulares, a teoria do fluxo pode não se ajustar a todo mundo. Para poder criar regras e mecânicas nesse sentido, é muito importante poder entender e modelar o comportamento e a "personalidade" de cada jogador. A coleta das informações de sessões de jogos e de cada jogador torna-se essencial à criação de uma base de dados adequada e individualizada.

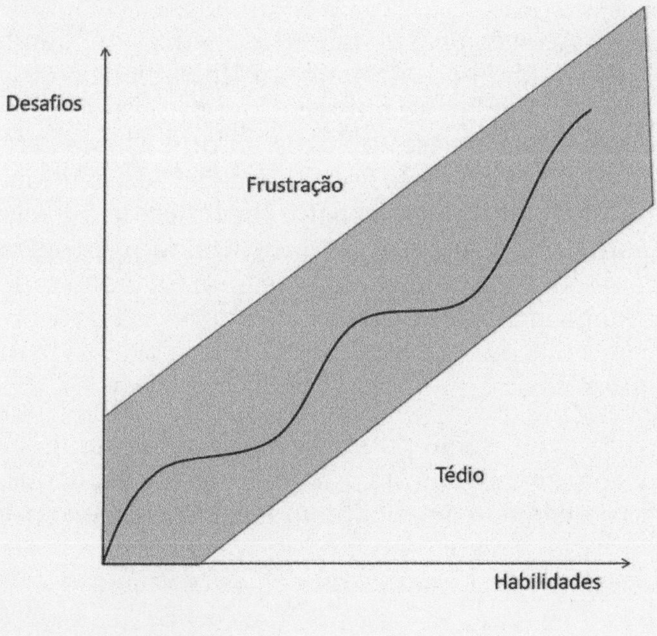

Figura 2: Teoria do fluxo

A área de *Game Analytics*[69] serve sobretudo à coleta e à análise de dados de sessões de jogos com finalidade de usar o resultado dessas ações em diferentes situações. O *Game Analytics* vem sendo usado há bastante tempo através, predominantemente, de métodos estatísticos – de forma a inferir dados de um grupo grande de jogadores: locais em que um jogador mais perde; tempo médio de permanência numa fase; itens mais coletados ou comprados etc. Neste contexto, há diversos conceitos amplamente usados pela indústria de jogos e entretenimento: ARPU (*Average Revenue Per User*), ARPPU (*Average Revenue Per Paying User*), *Convertion Rate*, DAU (*Daily Active Users*), FTUE (*First Time User Experience*), IAP (*In-App Purchase*), LTV (*Lifetime Value*), *Monetization*, *Retention Rate*, *Time in App* etc.

Através desses dados, é possível melhorar aspectos da mecânica, ajustar dificuldades e variáveis, regular as interações com outros jogadores (para o caso de jogos *online*). Como será criada uma curva de *flow* ajustada e adequada ao perfil de cada um, o principal beneficiado é, neste sentido, o próprio jogador. Entretanto, pode-se também explorar estes dados para finalidades de monetização e retenção de jogadores, o que acarreta uma motivação financeira importante para as empresas.

Com suas possibilidades de aprofundamento e personalização na mineração dos dados, a Inteligência Artificial tem trazido um novo pa-

69 El-Nasr, M. S., Drachen, A., & Canossa, A. (2016). *Game analytics*. Springer London Limited.

radigma de *Game Analytics*. Enquanto métodos estatísticos apenas podem trazer resposta a algumas perguntas e informações generalizadas, métodos baseados em IA são capazes de analisar casos particulares[70] e minerar informações menos trivialmente observáveis. Embora ainda haja muito a ser feito, as empresas que fornecem as principais *game engines* (ferramentas utilizadas para o desenvolvimento de jogos) já possuem um grande arsenal de APIs e *frameworks* de coleta e processamento de dados. O *UnityML*,[71] por exemplo, é uma poderosa ferramenta disponibilizada por uma das maiores empresas da área.

Espera-se que, em breve, cada jogador possa ter um perfil detalhado, construído a partir de dados gerados pela sua interação com diversos jogos ao longo do tempo. Um jogo poderá, antes de ser iniciado, carregar este perfil e, assim, adequar-se a diferentes aspectos e gostos do jogador. Na verdade, isto já ocorre em outras formas de entretenimento, como em *streaming* de filmes e músicas. Quanto mais o usuário diz ter gostado ou não de uma escolha ou um produto, mais alimenta a base de dados que o descreve, e melhor será o funcionamento do sistema recomendativo. Este sistema indica filmes semelhantes, e também faz associações de informações implícitas, tais como: categoria de filmes; atores preferidos; nacionalidades etc. Nestes casos, entretanto, tudo que faz o sistema recomendativo é calcular um coeficiente de interesse entre o produto e o usuário. Um jogo

---

70 G. F. de Arruda, L. da F. Costa, D. Schubert and F. A. Rodrigues, "Structure and dynamics of functional networks in child-onset schizophrenia", *Clinical Neurophysiology*, 2013.

71 Disponível em: https://unity3d.com/pt/how-to/unity-machine-learning-agents.

possui uma complexidade muito superior; seu sistema recomendativo também deve criar variações e alterar parâmetros de experiência.

Jogadores podem ser classificados em diferentes categorias. Um dos modelos mais utilizados é modelo de Bartle[72], que os divide em quatro categorias, conforme ilustrado na figura 3. Através da combinação de quatro variáveis, são geradas quatro categorias de perfis: "matadores", "conquistadores", "socializadores" e "exploradores". A correspondência entre um perfil e um determinado usuário é de grande importância na escolha de jogos suscetíveis de interessar e no ajustamento das características daqueles que favoreçam esse ou aquele tipo de atuação.

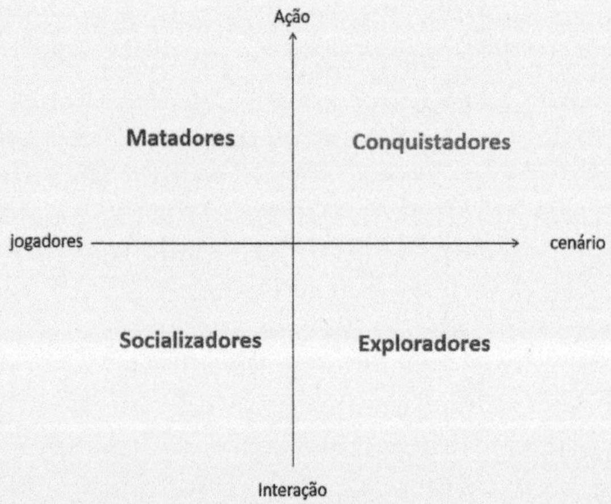

Figura 3: Classificação de Bartle. Na internet está disponível um teste (Bartle Test of Gamer Psychology)[73] que permite ao leitor descobrir em qual perfil se encaixa.

72 Bartle, Richard (2003). *Designing Virtual Worlds*. New Riders. p. 145.

73 Disponível em: http://matthewbarr.co.uk/bartle/.

Sistemas multiagentes, Imitation Learning e Reinforcement Learning

Uma das estratégias mais usadas na programação do comportamento de agentes autônomos dos jogos é a máquina de estados. Neste modelo de programação criam-se diferentes comportamentos (estados) que podem ser alterados entre si sempre que há um evento. Por exemplo: um combatente em estado de patrulha, animado de modo a andar de um lado para o outro e a verificar se dentro de um determinado perímetro surge algum oponente – caso o teste de proximidade detecte tal evento, o estado de patrulha é alterado para um estado de perseguição, em que o combatente passa a seguir o objeto detectado; caso seja detectado o evento "oponente destruído", ele volta ao estado de patrulha. A figura 4 ilustra uma máquina de estados padrão.

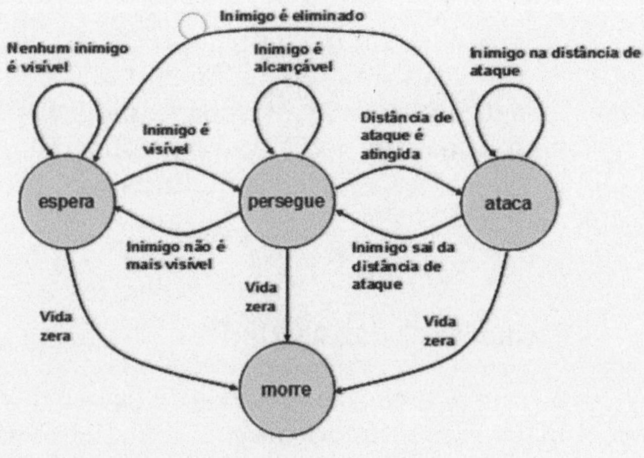

Figura 4: Máquina de estados de uma IA básica

Métodos mais avançados consistem em programar agentes autônomos através de sistemas multiagentes (MAS), em que o objeto munido de "IA" pode ter um comportamento mais independente. Neste contexto, o agente tem uma autonomia maior dentro do sistema, e é programada uma série de comportamentos que definem seu conhecimento de mundo, suas competências e capacidades. Diferentemente das máquinas de estados tradicionais, nos sistemas multiagentes são as entidades que – através de uma série de configurações internas e externas – decidem o que será feito. Esta área da IA vem sendo bastante usada não apenas nos jogos, mas em muitas outras aplicações. Em robótica, por exemplo, os sistemas multiagentes permitem uma maior autonomia dos robôs, bem como a colaboratividade entre eles. Muitos desses agentes terão metas e objetivos a cumprir – busca-se, em geral, que consigam alcançar boas soluções com menos intervenção e inteligência externa.

Os sistemas multiagentes são de extrema importância para o desenvolvimento de IA em jogos – métodos mais avançados, como o *Reinforcement Learning* (RL) e o *Imitation Learning* (IL), usarão estas arquiteturas em suas implementações.

Reinforcement Learning (RL)

A Inteligência Artificial nos jogos não deve ser imbatível e perfeita. Ao contrário, ela deve ter limitações, cometer erros e poder ser vencida. Como vimos anteriormente, é isto que irá garantir que o jogo obedeça a teoria do *flow*. É por este motivo que as melhores técnicas de IA são aquelas que aprendem a jogar e implementar comportamentos semelhantes aos dos humanos. Na criação de modelos formais de comportamento (como uma máquina de estados), é comum que a solução siga uma abordagem matemática e, portanto, próxima da perfeição. É comum nestes casos que os desenvolvedores insiram artificialmente imperfeições e ruídos. Mesmo assim, essas "falhas" não são semelhantes àquelas que seriam cometidas por um ser humano. É aí que o *Reinforcement Learning* ganha importância.

Com efeito, o *Reinforcement Learning* (RL) vem chamando bastante atenção e é, inclusive, considerado um dos elementos-chave na área de aprendizagem de máquina atualmente. Seu princípio é simples e pode ser comparado ao do aprendizado nos seres vivos: sempre que uma ação traz um benefício (recompensa positiva), uma informação positiva a ela associada é armazenada; e, sempre que uma ação traz um prejuízo (recompensa negativa), é armazenada uma informação negativa. Pouco a pouco, a entidade aprende o que deve fazer e as ações que deve evitar. Neste processo de aprendizagem, os comportamentos modelados à técnica são semelhantes aos do processo cognitivo nos seres vivos, e trazem, inclusive, as deficiências e imperfeições a ele inerentes. Um dos aspectos da técnica de RL que a tornam muito poderosa na criação de técnicas baseadas em IA é a possibilidade de usar casos práticos e históricos de interação na geração e calibração dessas funções – um simples conhecimento do ambiente e de como as entidades são modeladas neste ou naquele cenário permite gerar uma base de conhecimentos, sem que seja requerido um conhecimento da função otimizada em si.

Criadores de jogos digitais muitas vezes desejam criar comportamentos próximos dos que cada jogador teria em função de sua inteligência. Entretanto, por conta da grande dificuldade que há em formalizar regras para cada situação possível, o modelamento matemático deste comportamento pode ser extremamente complexo. Em alguns casos – como no jogo go –, a quantidade de ações e decisões que podem ser tomadas é tão grande que criar árvores de decisões é impraticável. A programação de soluções baseadas em RL permite que estes comportamentos sejam recriados sem que necessitemos conhecer ou modelar formalmente tal estrutura de conhecimento.

Inicialmente, a solução baseada em RL é criada a partir de um processo de decisão de Markov, com as seguintes definições:

S é um conjunto de configurações de ambiente e estados do agente

A é um conjunto de ações que podem ser praticadas por um agente

P¬a (s, s´) = Pr (st+1 = s´ / st = s, at = a) é a probabilidade de transição do estado s para o estado s´ mediante a ação a

Ra (s, s´) é a recompensa (positiva ou negativa) dada ao realizar a transição do estado s para o estado s´ mediante a ação a

Um agente com esta capacidade de aprendizado e que se encontra no estado st exercerá alguma ação que o levará a um novo estado st+1, com uma recompensa rt+1, que será associada à transição (st, at, st+1). O RL é uma técnica que procura aprender uma estratégia ou algumas tomadas de decisão que maximizem as recompensas acumuladas. Chamamos o processo de tomada de decisão de "política" ou *policy*. Mais formalmente falando, a "política" é o mapeamento entre o espaço de estados S e o espaço de ações A que um agente é capaz de fazer. Numa rede bem treinada, podemos esperar que o agente escolherá sempre a melhor ação possível para determinado estado.

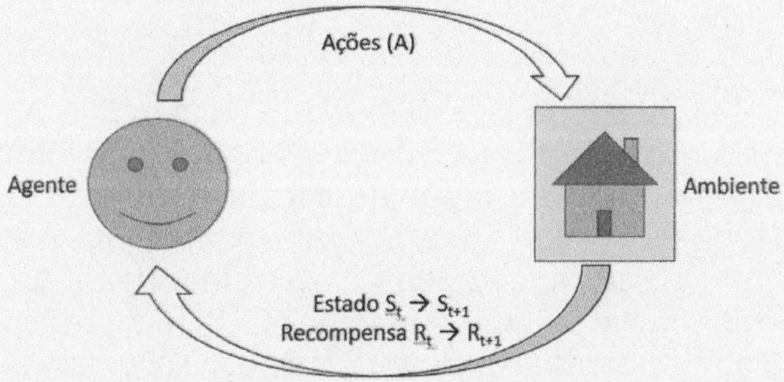

Figura 5: Aprendizagem por reforço

Inicialmente, a tomada de decisão pode ser feita através de uma tabela, chamada de *Q-Table*. Essa tabela nada mais é do que uma matriz que relaciona os estados de um agente às ações que ele pode tomar – em que o valor representa a probabilidade de sucesso de uma ação mediante as recompensas adquiridas no processo de treinamento. A tabela 1 é um exemplo de *Q-Table*:

Estados	Ação			
	correr	Pular	Andar	Atirar
1	0,34	0,11	0,56	0
2	0,96	0,02	-0,1	-0,2
3	0,03	0,21	0,68	0
4	0,07	0,76	0	0,32

Tabela 1: exemplo de Q-Table

Através desta tabela, podemos ver, por exemplo, que se o agente estiver no estado 2, ele priorizará a ação "correr", pois é esta que lhe deu mais recompensas no treinamento. Até aqui parece simples. O maior problema, porém, é que a quantidade de estados pode ser infinitamente grande.

Um dos métodos mais usados para resolver esse problema é o *Deep Q-Learning*, que consiste em substituir a *Q-Table* por uma rede neural profunda. Para tanto, os Q-valores são calculados pela função de Bellman:

De forma geral, o método funciona da seguinte maneira: o jogo começa com um valor de *Q-value*, gerado aleatoriamente no início; em seguida, o sistema verifica o estado corrente s (etapa de observação). Baseado no estado s, executa-se ou uma ação aleatória ou uma ação usando a sua rede neural; na etapa de treinamento o sistema escolhe, frequentemente, ações aleatórias que maximizam a exploração mas, com o passar do tempo, se apoia cada vez mais na rede neural criada; quando a IA escolher e executar uma ação, em função desta será avaliada e dada uma recompensa; e, quando se chega num novo estado, usa-se a equação de Bellman para atualizar o *Q-value*. Para cada atualização, armazena-se o estado original; a ação efetuada; o estado atingido; e, a recompensa recolhida – e se foi ou não atingido o objetivo do agente. Estes são os dados que serão posteriormente usados para o treinamento da rede neural. O armazenamento dessas informações é conhecido como memória de *replay*. Esse processo de escolha de ações e armazenamento de informações é repetido até que uma condição final seja atingida.

$$NewQ(s,a) = Q(s,a) + \alpha[R(s,a) + \gamma max Q'(s',a') - Q(s,a)]$$

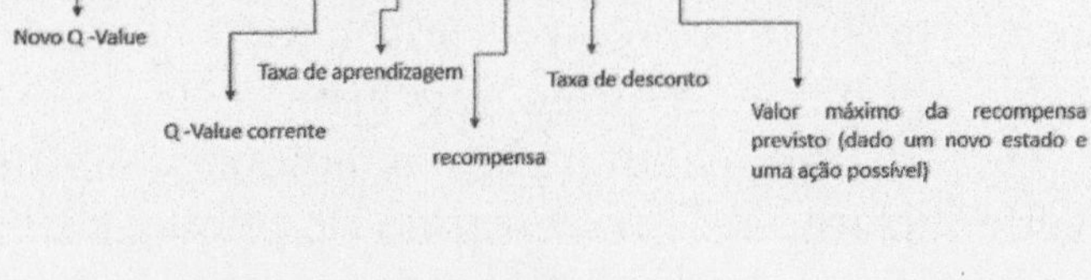

Imitation Learning (IL)

Outra técnica que vem ganhando bastante importância no desenvolvimento de jogos e

IA é o *Imitation Learning*.[74] A ideia é bastante simples e consiste basicamente em treinar um agente para que execute algum tipo de atividade através da observação de ações executadas por algum agente externo (por exemplo, um humano). Isso torna o processo de programação de comportamentos muito mais simples, pois não é necessário modelar ou entender formalmente o problema que se quer resolver, mas apenas saber como fazer e atuar. Além disso, em cenários reais as possibilidades podem ser tantas e a complexidade das soluções tão grande que fica inviável ou muito difícil a modelação por métodos determinísticos, como nas máquinas de estado. Nós mesmos muitas vezes achamos mais fácil ensinar algo mostrando como se faz do que o explicando oralmente ou por escrito.

Um aspecto importante do IL é que não se trata apenas de aprender a copiar ações previamente observadas, mas também de aprender a generalizar as soluções, de forma a conseguir resolver um problema que não é exatamente igual aos que foram usados na etapa de aprendizagem. Trata-se de uma técnica muito importante para "programar" carros autônomos. Quanto mais um humano dirige um carro, melhor será a aprendizagem adquirida e mais capacidade de generalização terá o algoritmo de pilotagem. O comportamento de agentes em jogos poderá ser

---

74 Hussein, Ahmed; Gaber, Mohmed M.; Elyan, Eyad; Jayne, Chrisina. "Imitation Learning: A Survey of Learning Methods". *ACM Computing Surveys*, vol. 50. Issue 2, p. 1-35, June 2017.

programado de igual maneira: humanos poderão tomar o controle dos objetos autônomos de um jogo numa etapa de treinamento, ensinando como devem comportar-se. Isso permite uma programação de comportamentos muito mais realista, porque é possível transmitir ao agente uma série de características que os algoritmos convencionais têm dificuldade em capturar. Ademais, os comportamentos podem, por exemplo, ser treinados por humanos que pertençam à mesma categoria daqueles que jogarão o jogo. E um mesmo jogo pode ser treinado por jogadores dos perfis “socializador” e “caçador”.

Primeiramente, o IL permite extrair informações do comportamento de um agente externo (professor), e capturar informações sobre o ambiente em que o agente virtual se encontra. Em seguida, devemos aplicar mecanismos de transferência dessas informações a diferentes situações – semelhantes, mas não iguais. Os exemplos fornecidos pelo professor são representados por pares, entre estados e ações. Os estados representam a situação em que o agente se encontra, com todas as variáveis relevantes para sua descrição (movimentos, coordenadas espaciais, status do objeto). Esses pares serão usados na realização de um treinamento e, por conseguinte, na geração de uma política.

Em geral, a execução de uma só etapa de treinamento com os dados não é bastante para que seja feita uma correta captura e modelagem da política desejada – pode haver imprecisões na captura de informações ou falta de dados das ações. Assim, é comum que as técnicas de IL realizem novas etapas de treinamento, usando as políticas aprendidas nas etapas anteriores, otimizando-as num processo chamado de *self-improvement* – técnicas de RL podem ser usadas nesta etapa.

Geração de conteúdo

Vejamos um diálogo que pode tipicamente acontecer dentro de uma empresa de jogos:

— Pedro (artista líder da equipe 3D), precisamos de um cenário com diversas montanhas, um pequeno rio cortando a planície e árvores espalhadas pela margem do riacho, diz o chefe, que logo adiciona: — às margens do rio, atravessado por pequena ponte, precisamos colocar uma pequena vila medieval. As construções, todas de madeira, devem mostrar que a população local, apesar de viver especialmente de pesca e caça, possui uma pequena fortificação para o caso de ataque de inimigos.

— Tudo bem chefe. Pode mostrar-me algumas imagens que sirvam de referência?

— Claro... olhe estas...

— Certo! Vou fazer alguns esboços. Acredito que vou levar três a quatro semanas para modelar todo esse cenário (para conseguir criar, neste prazo, um cenário assim complexo, ou Pedro é um bom modelador, ou tem ajuda de um pequeno time de artistas).

Após o prazo estabelecido, Pedro apresenta a seu chefe um cenário concluído. O chefe gosta, mas pede algumas alterações, que serão feitas em alguns dias ou talvez uma semana.

Conforme podemos ver no nosso fictício diálogo, a criação de modelos 3D (personagens, animações, cenários, mapas, texturas, músicas) é uma das etapas mais complexas e dispendiosas de tempo e recursos no processo de produção de jogos. Diante disso, a área de jogos lança mão há bastante tempo de técnicas conhecidas, como a geração procedural de conteúdo.[75] São técnicas que usam processos algorítmicos na geração de objetos, terrenos e até personagens e cenários mais elaborados. Árvores, mapas, terrenos, vários tipos de texturas são exemplos de elementos que tradicionalmente são criados dessa maneira. Isso já vem acontecendo em diversos jogos – *Minecraft*, *Civilization*, *No Man's Sky*, *Spore*, para citar alguns –, especialmente quando seus mundos são extremamente grandes ou podem exigir uma grande variabilidade ao longo do seu fluxo.

O maior problema das técnicas convencionais de geração procedural é que são descritas por funções e, portanto, seguem padrões bem estabelecidos, quer dizer, oferecem pouca varia-

---

75 Shaker, Noor; Togelius, Julian; Nelson, Mark. *Procedural Content Generation in Games*. Springer: 2016. 237 p.

bilidade. É aqui que a Inteligência Artificial tem um enorme potencial na área de jogos para o futuro próximo. Imagine que, ao invés de artista 3D, Pedro seja na verdade uma IA. Após algumas poucas instruções, o algoritmo irá instantaneamente criar o cenário desejado – e estará sempre atento aos modelos que lhe foram dados como exemplos. Caso o *game designer* não goste, pode dizer o que não ficou de seu agrado e pedir que sejam instantaneamente gerados outros modelos, com suas devidas correções.

As técnicas tipicamente usadas para esta aplicação de IA são chamadas de *Transfer Learning*. A figura 6 ilustra um exemplo de ferramenta que as usa. Nela, o artista fez um pequeno esboço de seu cenário aberto (esquerda). Em seguida, a IA criou uma proposta seguindo os padrões definidos pelo esboço (direita).

Figura 6: esboço gerado pelo artista (esquerda) e imagem final gerada pela IA (direita). Estas imagens foram geradas usando a ferramenta NVIDIA Gaugan.76

76 Disponível em: http://nvidia-research-mingyuliu.com/gaugan.

As técnicas conhecidas como *Transfer Learning* (TL) consistem basicamente em métodos de aprendizagem de máquina em que uma solução adquirida para resolver um determinado problema é reusada como ponto de partida para resolver um outro, que tenha com o anterior algum tipo de semelhança de domínio.

CAPÍTULO 6

DOS MÉDICOS DE FAMÍLIA PARA OS MÉDICOS DIGITAIS: COMO A INTELIGÊNCIA ARTIFICIAL ESTÁ MUDANDO A MEDICINA

Francisco Aparecido

Em outubro de 1347, quando a Europa ainda vivia o Feudalismo, doze navios chegaram ao porto de Messina, na Itália, trazendo viajantes da Ásia. Ninguém imaginava que junto com os tripulantes, havia uma população de ratos cujas pulgas estavam infectadas pela bactéria *Yersinia pestis*. A partir daquele dia, entre setenta e cinco e duzentos milhões de pessoas perderiam a vida, na maior epidemia já vivida pela humanidade: a da Peste Negra.

Devastadora na época, tal doença pode hoje ser curada com a administração de antibióticos. O que propiciou essa cura foi o desenvolvimento da Ciência, do método científico, em que hipóteses são comprovadas através de experimentos. Com o Iluminismo, houve um rápido desenvolvimento em todas as áreas do conhecimento, e avanços importantes na física, na química, na biologia e na medicina. Após a Revolução Industrial, os avanços na medicina foram ainda maiores. Para ilustrar esse fenômeno, é permitido dizer que, a partir do final do século XIX, aumentou muito a expectativa de vida no seio da população do Reino Unido – que na época era de cerca de 40 anos e é atualmente de mais de 80 anos.[77] Esse avanço ocorreu graças ao desenvolvimento de vacinas, antibióticos e anestesias – que permitiram cirurgias indolores. Portanto, é inegável que a medicina tenha aumentado a expectativa de vida e venha proporcionando uma melhor qualidade de vida para todos nós.

Apesar de todos esses avanços, ainda há muitas doenças a serem curadas; e muitos desafios a serem superados – principalmente no desenvolvimento de novos medicamentos, tratamentos e vacinas. Hoje, pessoas ainda morrem de doenças cardíacas, de diabetes; e ainda não temos uma cura para o câncer. Epidemias ainda nos assustam, como a do novo coronavírus e a do ebola; e a maioria dos medicamentos ainda carecem de aumento de eficiência e diminuição de efeitos colaterais. Embora a medicina tenha evoluído – e continue a evoluir – muito rapidamente, há barreiras que não superamos

---

77 Disponível em: https://ourworldindata.org/life-expectancy.

de forma efetiva, devido em parte à nossa capacidade intelectual e em parte à capacidade atual do processamento de dados. Muitos métodos de diagnósticos são baseados em análises visuais de exames ou mesmo em entrevistas psiquiátricas. Para ajudar-nos a melhorar o diagnóstico de doenças, realizar predições com relação à evolução de epidemias e desenvolver tratamentos mais efetivos, temos uma nova aliada, a Inteligência Artificial.

Quando pensamos em Inteligência Artificial (IA), imaginamos robôs que reproduzem as características humanas, como os que aparecem em filmes de Hollywood. Por exemplo, no filme *A.I. Inteligência Artificial*, uma criança robô tenta encontrar uma maneira de se tornar humana, enquanto que em *2001: Uma Odisseia no Espaço*, a Inteligência Artificial HALL 9000 tenta comandar uma nave que está indo para Júpiter. Embora imaginemos a Inteligência Artificial dessa forma, na prática, seu uso é, no entanto, muito diferente. Na verdade, os métodos de Inteligência Artificial mais usados atualmente são como um "oráculo", ou seja, um sistema no qual fazemos perguntas e obtemos respostas. Os sistemas atuais, de fato, são mais parecidos com o Dr Know – representado pela figura de Albert Einstein no filme *A.I.* – do que com o menino David – um robô humanoide. As aplicações da Inteligência Artificial servem principalmente no auxílio a tomadas de decisão e na realização de tarefas automáticas, como em fábricas ou caixas de supermercado. Algoritmos também são usados em previsões do tempo ou preços de ações na bolsa de valores, bem como no reconhecimento de voz e na elaboração de textos. Na verdade, é quase impossível pensarmos em uma aplicação que hoje não envolva Inteligência Artificial.

No caso da medicina, o uso da Inteligência Artificial está tornando-se cada vez mais comum. Métodos de aprendizado de máquina são usados para auxiliar médicos a realizar diagnósticos ou na sugestão do melhor tratamento para um dado paciente. Por exemplo, um médico coleta os exames de um paciente e obtém um diagnóstico automático usando uma técnica de aprendizado de máquina. A partir desse diagnóstico, o médico pode confirmar uma suspeita sobre uma determinada doença ou mesmo definir novas linhas de investigação. Esse procedimento é bastante usado nos diagnósticos por imagens, visto que o olho humano possui muitas limitações, que nos impedem de identificar padrões sutis em dados. Por serem capazes de encontrar, em exames, padrões que podem estar associados a doenças, os métodos de Inteligência Artificial permitem enxergarmos com mais detalhes.

Embora o uso mais comum de Inteligência Artificial na medicina seja no diagnóstico, há dela muitas outras aplicações importantes, como: predição de novas drogas; escolha de tratamentos adequados; e, previsão sobre o quadro clínico de pacientes. Neste capítulo, vamos discutir alguns desses pontos e apresentar os resultados mais recentes da aplicação de Inteligência Artificial em medicina.

Diagnóstico de doenças

Talvez a aplicação mais comum de Inteligência Artificial em medicina seja no diagnóstico de doenças. Em imagens obtidas por raios-x, algoritmos de análise de imagens permitem determinar doenças com maior precisão do que na tradicional análise visual. Em um artigo publicado em 2020 na revista *Nature*, pesquisadores dos Estados Unidos e do Reino Unido propuseram um algoritmo de Inteligência Artificial que melhora o diagnóstico de câncer de mama em 11.5% [1,2].

Dado que esses algoritmos são assim poderosos, a pergunta fundamental é: como operam? Primeiramente, é importante observar que os algoritmos de Inteligência Artificial podem ser aplicados em qualquer doença que possa ser diagnosticada por exames laboratoriais, tais como diabetes, câncer ou pneumonia. Além disso, são necessários dados e exemplos de diagnósticos prévios, que permitirão ao algoritmo "aprender" sobre a doença para poder realizar o diagnóstico automático. Falemos então de como esses algoritmos funcionam.

O processo utilizado pelos algoritmos de aprendizado de máquina é o mesmo que usamos quando aprendemos algo. Como ilustração, tomemos o processo pelo qual uma criança aprende a diferenciar animais, como cachorros e gatos. Basicamente, ela vê imagens de cachorros e gatos e aprende a identificar as diferenças entre eles. Na verdade, grande parte dessa identificação é feita de forma inconsciente: o cérebro interpreta os sinais recebidos pelo órgão ocular e identifica os padrões mais comuns em cada espécie, tais como formato das orelhas, dos olhos e do nariz. Um ponto importante nesse processo é que, supervisionando o aprendizado, há um adulto que diz o que é um cachorro ou um gato. Ou seja, o processo de aprendizado é feito sob supervisão. Após ter visto várias imagens, a criança consegue generalizar o aprendizado e predizer novas imagens, que nunca lhe foram apresentadas. A metodologia usada pelos métodos de aprendizado de máquina é similar. Em caso, por exemplo, de um diagnóstico de pneumonia usando dados de raios-x, diversas imagens são coletadas, sendo que em um conjunto delas já foi feito o diagnóstico. Na verdade, nesse conjunto devem ser incluídos registros tanto de pacientes apresentando pneumonia, quanto de pacientes saudáveis. Essas imagens anotadas são então enviadas para um algoritmo de Inteligência Artificial, que irá identificar as principais diferenças entre os raios-x dos pacientes saudáveis e os dos pacientes diagnosticados com pneumonia. Ou seja, os métodos de aprendizado de máquina encontram padrões que são comuns em pacientes doentes e em pacientes saudáveis, e aprendem as diferenças entre eles. Quando novas imagens são apresentadas, o método é capaz de classificar um novo paciente como sendo saudável ou doente. Portanto, o algoritmo é capaz de aprender, realizando o diagnóstico de forma automática.

É importante observar que esse processo de aprendizado através de exemplos não é perfeito. Assim como uma criança pode errar na classificação de uma imagem, os métodos de classificação podem errar no diagnóstico. Por isso, é importante fazermos uma análise cuidadosa do modelo de forma a verificarmos suas limitações. Ademais, é fundamental verificar se o modelo está realmente aprendendo com os exemplos ou apenas "decorando-os". Quando temos um método que acerta os exemplos de treinamento, mas não é capaz de classificar corretamente novas imagens, dizemos que está ocorrendo *overfitting*. Neste caso, o algoritmo de aprendizado está se ajustando tão bem aos exemplos que não é capaz de generalizar o procedimento para novos dados. É muito comum ocorrer *overfitting* em ciência de dados, logo, é importante avaliar o modelo e verificar sua capacidade na predição de novos exemplos.

Assim, é dado que os métodos de diagnósticos tentam replicar nossa capacidade de aprendizado. Esses métodos podem ser usados no diagnóstico das mais diversas doenças, desde o diabetes até às doenças cardíacas.[78] Neste sentido, descrevamos um método que propusemos para o diagnóstico de transtornos mentais.[79]

Uma das grandes limitações do diagnóstico tradicional de transtornos mentais é o fato de

---

78 D. J. Park, M. W. Park, H. Lee, Y.-J. Kim, Y. Kim and Y. H. Par, "Development of machine learning model for diagnostic disease prediction based on laboratory tests", *Scientific Reports*, 2021.

79 Ver nota 70, *supra*.

ser baseado em pacientes sintomáticos, através de entrevistas e avaliação psicológica. Assim, dependendo da gravidade da doença, o diagnóstico pode ser bastante impreciso.[80] Diferente de um exame de sangue, em que são coletados dados quantitativos sobre a saúde de um paciente, o diagnóstico, no caso dos transtornos mentais, depende da interpretação e experiência do médico. O diagnóstico é qualitativo, baseia-se em sintomas e nas respostas obtidas através de conversas com o paciente e seus familiares. A fim de permitir um diagnóstico quantitativo e mais preciso, desenvolvemos um método baseado em redes complexas e no aprendizado de máquina, conforme ilustrado na figura 3. Redes complexas são formadas por elementos conectados. Por exemplo, o *Twitter* é uma rede complexa formada por usuários que se conectam. No caso do cérebro, uma rede complexa modela as interações entre as regiões corticais, que são formadas por um conjunto de neurônios. Os dados para desenvolvermos o nosso método foram obtidos com o uso de um aparelho de ressonância magnética funcional. Indivíduos saudáveis e pessoas diagnosticadas com esquizofrenia infantil são colocados no aparelho de ressonância magnética para que imagens de sua atividade cerebral sejam medidas. A partir das imagens, construímos redes complexas que representam a organização cerebral. Ou seja, se duas regiões do cérebro estiverem ativas ao mesmo tempo, durante o experimento, criamos uma conexão

80 RS Hoffman, *Diagnostic errors in the evaluation of behavioral disorders*, JAMA, 1982.

entre elas na rede. A seguir, descrevemos a estrutura da rede com o uso de medidas, que caracterizam, por exemplo, a variação no número de conexões ou a distância típica entre as regiões corticais. Essas medidas são armazenadas em um vetor X, que descreve as propriedades do cérebro de um paciente. Usando um conjunto de cinquenta e quatro medidas, construímos um modelo para classificar um paciente como saudável ou portador de esquizofrenia. Matematicamente, estimamos uma função $f:R^n \rightarrow R$ que mapeia os n atributos do paciente em uma das classes, saudável ou doente, representadas pela variável y, isto é, $y=f(X,\theta)+\epsilon$, onde θ é o conjunto de parâmetros do modelo preditivo e ϵ é o erro, que representa a informação que não incluímos no modelo. Esse erro geralmente tem média igual a zero e variância σ^2. Os parâmetros do modelo podem representar o peso das conexões em uma rede neural, por exemplo. Usando algoritmos de aprendizado de máquina, verificamos que é possível fazer o diagnóstico de forma correta com uma especificidade de 84% – quando um paciente é saudável, ele é classificado como saudável com 84% de probabilidade. Esse resultado foi obtido com base no algoritmo de classificação *Naive Bayes*, que usa inferência bayesiana na estimação. Ademais, obtivemos a indicação de que pacientes doentes são diagnosticados de forma correta com uma especificidade de 74%.[81] Ou seja, coletando dados de ressonância magnética, mapeando o cérebro como uma rede cortical e usando algoritmos de

81 Disponível em: unity.com/pt/features/analytics.

aprendizado de máquina, conseguimos desenvolver uma metodologia que permite o diagnóstico de novos pacientes, mesmo que ainda não tenham manifestado sintomas. Esse diagnóstico pode então ser usado pelo médico, que irá propor um diagnóstico final.

Além do diagnóstico automático, também conseguimos identificar as principais alterações estruturais no cérebro de pacientes que apresentam esquizofrenia infantil – sendo que o nível de centralidade, que define o quão fácil é a comunicação entre as regiões, é diferenciado nesses pacientes. Portanto, observamos que doenças mentais são o resultado de alterações na estrutura do cérebro, que resultam em alterações comportamentais. Esse trabalho foi publicado na revista *Clinical Neurophysiology* em 2013[82]. Posteriormente, também verificamos que esse diagnóstico é possível para outros transtornos mentais, como autismo ou bipolaridade. Desse modo, o uso de métodos de Inteligência Artificial tem permitido entender como modificações nas conexões cerebrais dos indivíduos resultam em alterações comportamentais e fisiológicas – o que pode ajudar não só no diagnóstico, mas também no desenvolvimento de novos tratamentos. De fato, em outro estudo que estamos desenvolvendo, usamos Inteligência Artificial para entender as alterações no cérebro de pacientes que apresentam a doença de Parkinson. Se conseguirmos identificar as conexões entre as áreas corticais mais afetadas por essa doença – que concerne principalmente

---

82 Ver nota 70, *supra*.

à parte motora –, podemos desenvolver tratamentos que visem a reforçar tais conexões e a recriar as perdidas, com o uso de fisioterapia ou de medicamentos. Assim, poderemos tentar reverter a evolução da doença de modo a melhorar a qualidade de vida dos pacientes. Portanto, algoritmos de Inteligência Artificial nos permitem propor novos tratamentos que seriam impossíveis sem o uso de dados e computadores. A Inteligência Artificial nos ajudará a redefinir as doenças mentais e desenvolver tratamentos mais efetivos do que os atuais.

Para além das doenças mentais, métodos de aprendizado de máquina podem ser usados em outros estudos. Recentemente, métodos de Inteligência Artificial também vêm ajudando, por exemplo, no diagnóstico de Covid-19. Gangloff e seus colaboradores[83] usaram técnicas de aprendizado de máquina, como florestas aleatórias e redes neurais, para melhorar o diagnóstico de pacientes de um hospital na França. Verificaram que é possível aumentar a acuraria de testes RT-PCR (*Reverse Transcription-Polymerase Chain Reaction*) com o uso de aprendizado de máquina. Desse modo, o uso da Inteligência Artificial permite superar as limitações do método e fornecer um melhor diagnóstico. De maneira similar, exames de sangue (hemograma) estão sendo utilizados no diagnóstico de Covid-19. O repositório Covid-19 *Data Sharing/BR* – que é iniciativa da Fundação de amparo à

83 C. Gangloff, S. Rafi, G. Bouzillé, L. Soulat and M. Cuggia, "Machine learning is the key to diagnose Covid-19: a proof-of-concept study", *Scientific Reports*, 2021.

pesquisa do estado de São Paulo (Fapesp)[84], e é coordenado pela Universidade de São Paulo – fornece dados demográficos (gênero, ano de nascimento e região em que o paciente reside); dados de exames clínicos e/ou laboratoriais; e informações sobre a movimentação do paciente (internações e desfecho dos casos – recuperação e óbito). Os dados laboratoriais vêm sendo usados no desenvolvimento de métodos de diagnóstico baseados em hemogramas. Por se tratar de um exame barato e rápido, o método poderá ser usado no diagnóstico inicial de casos de Covid-19 principalmente em países subdesenvolvidos. Resultados recentes mostram que esse tipo de diagnóstico é bastante promissor – como ilustra o sistema *Diagonow*, desenvolvido por alunos da Universidade de São Paulo. Esse sistema utiliza Inteligência Artificial para ajudar os hospitais a agilizar o processo de diagnóstico e otimizar recursos[85]. Portanto, com o uso de dados de pacientes e algoritmos de Inteligência Artificial, será possível desenvolver novos métodos de diagnóstico, mais baratos e precisos do que os atuais.

Esses exemplos mostram que algoritmos de Inteligência Artificial podem ajudar médicos a melhorar o diagnóstico de doenças, ou mesmo a automatizar processos. Tais métodos atuam como um "oráculo", que dá respostas sobre o diagnóstico com base nos dados fornecidos. Portanto, a Inteligência Artificial está tornando-se uma grande aliada da medicina e, com o aumen-

84 Covid-19 Data Sharing/BR. Disponível em: https://tinyurl.com/etcvhehd.

85 Disponível em: https://tinyurl.com/4yb7jdx9.

to do volume de dados, da capacidade de processamento e com os novos métodos de aprendizado de máquina – principalmente os baseados em aprendizado profundo –, será possível melhorar o diagnóstico de muitas doenças e, assim, antecipar tratamentos que permitam melhorar a recuperação e a qualidade de vida dos pacientes, e aumentar suas chances de sobrevida.

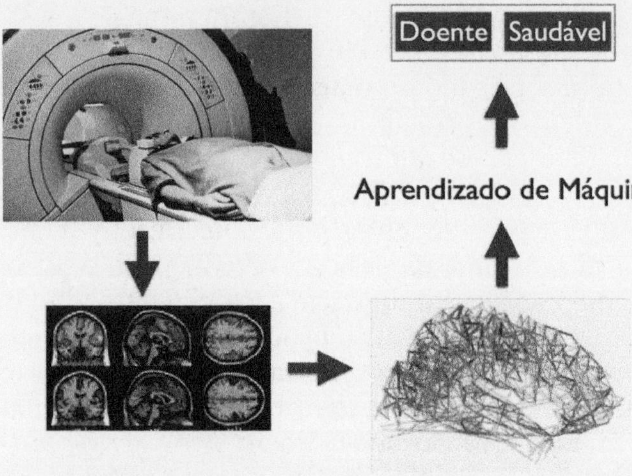

Figura 3: Método para diagnóstico automático de doenças mentais. Pacientes são colocados em um aparelho de ressonância magnética, que registra as atividades cerebrais. A partir das imagens, é construída uma rede cortical, que conecta diferentes regiões do cérebro. Medidas extraídas da rede por métodos de aprendizado de máquina são usadas na determinação do estado do paciente: se ele é saudável ou apresenta algum transtorno mental.

Além de estabelecer diagnóstico em pacientes sintomáticos, métodos de Inteligência Artificial podem auxiliar-nos a predizer doenças futuras. Hoje, com o avanço da genética e a disponibilização de métodos cada vez mais baratos de sequenciamento de genes, podemos determinar a predisposição a doenças de diversos tipos. Por exemplo, métodos baseados em aprendizado profundo (*deep learning*) permitem identificar doenças genéticas raras com uma precisão maior do que a obtida por médicos.[86] O aplicativo *Face2Gene*,[87] desenvolvido por pesquisadores dos Estados Unidos, permite identificar doenças genéticas raras a partir da análise de imagens do rosto de um paciente. Uma vez que permitirão a um paciente adequar seus hábitos de vida a fim de evitar o aparecimento de tais doenças ou tais síndromes, esses métodos de identificação de padrões em códigos genéticos irão revolucionar a medicina. Assim, a Inteligência Artificial permitirá à medicina identificar doenças eventuais e, graças a uma modificação dos hábitos dos pacientes, impedir que elas se manifestem – e tal modificação poderá, inclusive, ser proposta por algoritmos de aprendizado de máquina.

Desenvolvimento de novos tratamentos e drogas

Uma outra aplicação importante da Inteligência Artificial na medicina é o desenvolvimento de novas drogas e novos tratamentos baseados em combinações de mais de um medicamento. Conforme enunciado por Cheng e

---

86 E. Dolgin, *AI face-scanning app spots signs of rare genetic disorders*, Nature, 2019.

87 *Face2Gene*. Disponível em: www.face2gene.com.

colaboradores,[88] para cada mil drogas aprovadas nos Estados Unidos, há quatrocentos e noventa e nove mil e quinhentas combinações possíveis – que devem ser testadas em cerca de três mil doenças, em diferentes dosagens. Ou seja, determinar a combinação mais adequada de um conjunto de drogas para aumentar a chance de cura de uma determinada doença é impossível através de métodos tradicionais – realizados em um conjunto de indivíduos. Com o uso de Inteligência Artificial, pode ser automatizado esse processo, e realizada uma pré-seleção de drogas possivelmente aplicáveis. Basicamente, os métodos de Inteligência Artificial podem associar propriedades das drogas aos efeitos de suas aplicações em determinadas doenças. Um método capaz de encontrar esse padrão de associação pode ser usado para prever possíveis combinações de drogas que resultem em ganhos ao paciente, tanto na cura quanto na prevenção de efeitos colaterais. De fato, Cheng e colaboradores[89] encontraram seis classes de drogas que podem ser combinadas para o tratamento de câncer e hipertensão. Se proporcionar mais opções de cura de doenças diversas e reduzir efeitos colaterais, esse sistema de escolha automática de combinações de medicamentos pode revolucionar os tratamentos atuais.

Os métodos de Inteligência Artificial também são usados para selecionar o melhor tratamento para um paciente. Nesse caso, dados de

---

88 F. Cheng, I. A. Kovács and A.-L. Barabási, "Network-based prediction of drug combinations", *Nature Communications*, 2019.

89 *Ibidem*.

tratamentos que tiveram sucesso, ou falharam, são coletados e usados para treinar um método de aprendizado de máquina, que aprende com os exemplos. A partir daí, é possível predizer a eficácia ou não de um tratamento para um paciente com uma certa doença – ideia recentemente aplicada ao caso da pandemia do novo coronavírus. Um grupo de pesquisadores de Israel[90] mostrou, com efeito, que métodos de Inteligência Artificial podem ser usados para antecipar a evolução do estado de um paciente. Com base na idade, no sexo e no estado clínico diário (crítico, grave ou moderado) de um paciente, o método foi capaz de predizer, com precisão de 88%, a passagem a um estado crítico e, com precisão de 96%, o falecimento. Além de permitir predições com relação à evolução do quadro de um paciente, tal método é importante no planejamento da ocupação hospitalar e na maximização do uso dos recursos disponíveis. Assim, os métodos atuam como auxiliares, ajudando médicos nos momentos em que devem tomar decisões e antecipar tratamentos suscetíveis de aumentar a chance de sobrevivência de pacientes.

Por ser bastante geral, essa metodologia de predição pode ser usada para a maioria das doenças. Basicamente, coletamos dados de pacientes que adentram a um hospital e acompanhamos seu quadro clínico ao longo do tempo. Tais dados podem ser coletados via exames de

90 M. Roimi, R. Gutman, J. Somer, A. Ben Arie, I. Calman, Y. Bar-Lavie, U. Gelbshtein, S. Liverant-Taub, A. Ziv, D. Eytan, M. Gorfine, U. Shalit, "Development and validation of a machine learning model predicting illness trajectory and hospital utilization of Covid-19 patients: A nationwide study", *Journal of the American Medical Informatics Association*, 2021.

sangue, pressão arterial e ainda dados sociais, como idade e hábitos dos pacientes. Anotamos a evolução clínica de cada um deles – por exemplo: leve, moderada, grave, óbito. A partir desses dados, treinamos um algoritmo preditivo, que aprende com os exemplos – como no caso das crianças que reconhecem imagens de cães e gatos. Com o modelo ajustado, poderemos predizer o estado de novos pacientes que adentrarem ao hospital e, assim, antecipar o tratamento nos casos em que, possivelmente, haverá evolução para casos graves – princípio que poderá ser aplicado a doenças das mais diversas; sendo necessário, antes, que tenhamos dados precisos sobre a evolução.

Predição de epidemias

A Inteligência Artificial também nos ajuda a entender e predizer novas epidemias. Modelos epidemiológicos são desenvolvidos desde o início do século XX. Os trabalhos pioneiros de Anderson G. McKendrick e William O. Kermack mostraram que é possível desenvolver modelos matemáticos para predizer a evolução de doenças infecciosas em uma população. Eles propuseram o modelo SIR (suscetível-infectado-recuperado), que pode ser usado para modelar doenças que oferecem imunidade, como no caso do sarampo. Nesse modelo, um indivíduo suscetível pode ser infectado com taxa β e, depois de um certo tempo, se recuperar com taxa μ. Após a recuperação, tal indivíduo não se infecta novamente. Uma vez que resolvemos esse modelo, obtemos a curva mostrada na figura 4.

Conforme observamos, o número de infectados cresce exponencialmente e, após atingir um pico, decresce até zero. Esse decréscimo ocorre quando o número de recuperados é suficiente para conter a epidemia, isto é, quando é atingida a imunidade rebanho.

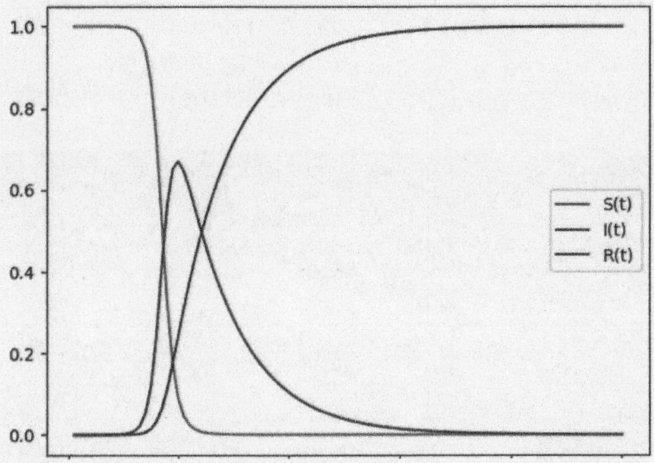

Figura 4: Curva de infectados no modelo SIR, sendo S(t) a evolução do número de suscetíveis, I(t) a evolução de infectados e R(t), de recuperados.

Embora tenha sido amplamente estudado e aplicado em dados reais, esse modelo possui algumas limitações. Na sua versão original, considera que todos os indivíduos podem conectar-se, de modo que temos uma rede totalmente conectada. No entanto, essa aproximação não condiz com a realidade, visto que na sociedade, pessoas se conectam localmente, e que tais contatos são limitados a familiares ou amigos. Logo, para uma modelagem mais realística, a estrutura dessa rede de conexões, definida por uma rede complexa, deve ser levada em conta. Na figura 5, damos uma amostra da rede do *Twitter*. Notamos que o número de contatos varia entre os indivíduos: a rede é altamente irregular. Além disso, contatos mudam ao longo do tempo: as conexões são temporárias. Portanto, é necessário considerarmos um grande volume de dados para obtermos modelos mais precisos, e usarmos métodos de análise estatística para obtermos mais precisos resultados.

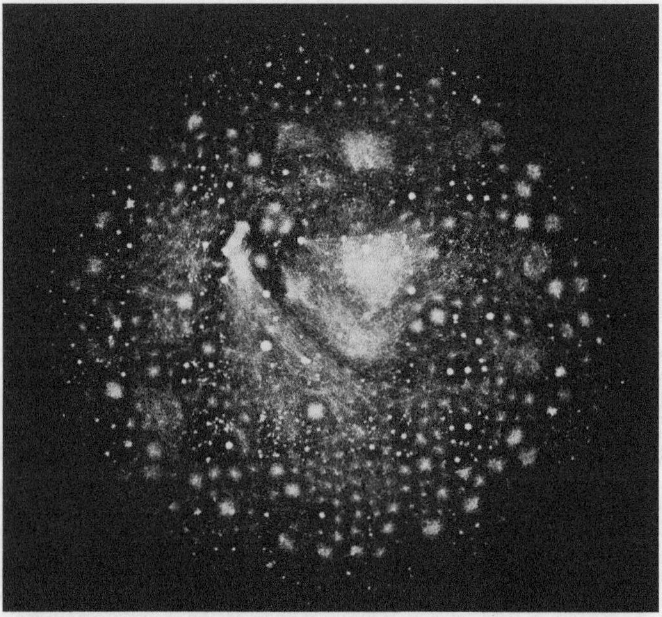

Figura 5: amostra coletada da rede do *Twitter*. A rede é caracterizada pela presença de indivíduos altamente conectados (*hubs*), que são os principais propagadores de informações na rede. Essa estrutura se repete em nossa sociedade.

Em 2018, pesquisadores da Universidade de Cambridge, no Reino Unido, realizaram, em parceria com a rede de televisão BBC, um experimento envolvendo milhares de pessoas – no seio das quais seria, através de um aplicativo, simulada uma infecção. Em uma pequena cidade perto de Londres, na qual foram iniciadas as experiências, os pesquisadores observaram a evolução da epidemia em tempo real – e mostraram que seria devastador o efeito de uma variante do vírus *influenza*. Esse experimento, mostrado no documentário *Contagion!*,[91] ajudou a entender como a facilidade de locomoção em nossa sociedade atual pode favorecer a disseminação de doenças infecciosas.

Os dados coletados nesse experimento são similares àqueles obtidos durante a pandemia do novo coronavírus. Através do rastreamento de contatos (*contact tracing*), órgãos de saúde da Europa identificaram possíveis contaminados e estabeleceram um sistema de quarentena eficiente. Da mesma forma, pesquisadores dos Estados Unidos[92] rastrearam dados de celulares de noventa e oito milhões de usuários e determinaram os chamados "*superspreader points*" – locais em que havia mais possibilidades de contaminação. Com isso, puderam determinar quais locais deviam ficar fechados durante a pandemia e quais eram os mais seguros; puderam verificar que, quando reabertos, restau-

---

91 Documentário *Contagion!*. Disponível em: www.imdb.com/title/tt8219352.

92 S. Chang, E. Pierson, P. Wei Koh, J. Gerardin, B. Redbird, D. Grusky and J. Leskovec, "Mobility network models of Covid-19 explain inequities and inform reopening", *Nature*, 2021.

rantes, ginásios, hotéis, cafés e organizações religiosas foram, com efeito, palco dos maiores aumentos no número de caso de infecções; e, puderam observar que as taxas de infecção mais elevadas se referem aos grupos raciais e socioeconômicos desfavorecidos.

Basicamente, essa modelagem de epidemias usando dados pode ser feita de duas maneiras. Na modelagem tradicional, é construído um modelo, descrito por um conjunto de equações matemáticas. Os parâmetros do modelo são então ajustados de acordo com os dados observados. Essa é a modelagem mais usada. Os métodos de Inteligência Artificial vêm, no entanto, proporcionando modelos cada vez mais precisos. Aí, quando se trata de predizer o número de casos ao longo do tempo, são usados métodos de predição de séries temporais. Essa metodologia permite não apenas realizar a predição, mas também identificar as variáveis que mais influenciam na propagação. Em um trabalho recente,[93] envolvendo diversas cidades do Brasil, mostramos que é possível predizer o número de casos de dengue em se considerando a série histórica. No entanto, observamos que essa predição pode ser melhorada com a consideração de dados climáticos em conjunto com dados epidemiológicos. Conforme vemos na figura 5, o uso de redes neurais artificiais e florestas aleatórias permite predizer o número de novos casos com bastante precisão. Note que,

---

93 K. Roster, C. Connaughton and F. A. Rodrigues, "Predicting Dengue Fever in Brazilian Cities", *bioRxiv*. Disponível em: https://tinyurl.com/4bjdc3uv, 2021.

nesse processo, uma parte da série histórica é usada para treinar o algoritmo supervisionado de aprendizado, e o restante é usado para verificar a acurácia do modelo na predição de casos inéditos. Ou seja, o processo é similar ao que descrevemos anteriormente: o modelo aprende por intermédio de exemplos previamente apresentados e, em seguida, para que seja verificada sua eficácia na predição de novos casos, é testado com dados inéditos. Observe que a curva que representa a predição se ajusta muito bem aos dados observados.

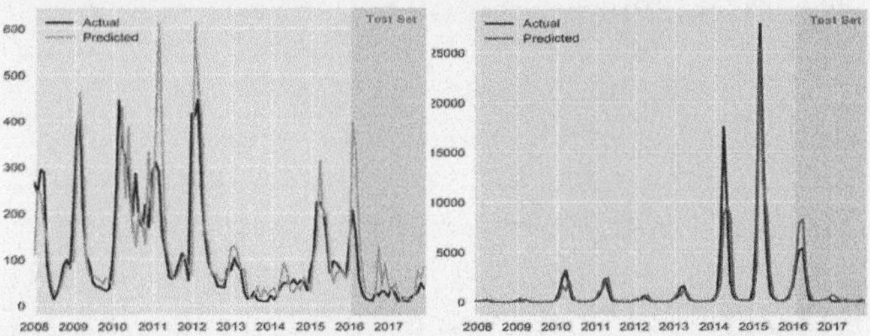

Figura 5: Predição do número de casos de dengue em São Paulo e Belém.

Métodos de Inteligência Artificial vêm sendo empregados na predição não somente do número de casos de doenças mas também de mutações de vírus. Nesse caso, são coletados dados das mutações anteriores, que servem à predição das novas e ao ajuste de um modelo preditivo. Esse processo é similar àquele que é usado na geração de textos artificiais. Assim como uma palavra é dada por uma sequência de letras, o código genético de um vírus é dado por uma sequência de aminoácidos, que são compostos de carbono (C), hidrogênio (H), oxigênio (O) e nitrogênio (N). Na natureza, existem vinte aminoácidos, que fariam o papel das palavras em um texto. Atualmente, algoritmos de Inteligência Artificial são eficientes o bastante para gerar textos que obedecem a regras gramaticais e semânticas. Treinado com bilhões de exemplos, que incluem palavras dispostas em frases e parágrafos, o sistema aprende como colocar vírgulas e estruturar uma cláusula. Além disso, a relação semântica entre as palavras e o seu contexto é capturada pelos algoritmos. Um exemplo desse sistema é o GPT-3 do *OpenAI*, que pode aprender a produzir textos relacionados a determinados tópicos.[94]

Como para os algoritmos de aprendizado de máquina uma sequência – quer esteja disposta em sonetos ou em aminoácidos – é como qualquer outra, os métodos desenvolvidos para processar a linguagem natural podem ser usados para predizer mutações virais. Em um trabalho recente, publicado na revista *Science*,[95] pesquisadores dos Estados Unidos modelaram as mutações dos vírus da gripe e SARS-Cov-2 usando algoritmos de aprendizagem de máquinas originalmente desenvolvidos para a linguagem natural humana. Identificaram mutações em que o nível de infecção viral é preservado, mas o vírus deixa de ser reconhecido pelo sistema imunológico. Essas mutações são semelhantes às alterações de palavras que preservam a sintaxe de uma frase, mas alteram o seu sig-

94 "Did a Person Write This Headline, or a Machine?" Disponível em: https://tinyurl.com/4jrxwfrv.

95 B. Hie, E. D. Zhong, B. Berger and B. Bryson, Learning the language of viral evolution and escape, Science, 6526, 2021.

nificado. Como os algoritmos de Inteligência Artificial têm apresentado um excelente desempenho na identificação e no reconhecimento de padrões na linguagem humana, o mesmo é esperado dos novos algoritmos de identificação de mutações virais. A pesquisa nesse campo é muito promissora e permitirá que sejam desenvolvidas vacinas eficazes antes que apareçam novas mutações de um vírus. Assim, a humanidade, preparada para conter rapidamente novas epidemias, terá dado um passo à frente no processo evolutivo.

O Futuro

Conforme enunciamos, bastante promissor é o uso de métodos de Inteligência Artificial. Espera-se que, em um futuro não muito distante, tenhamos acesso a um método automatizado de acompanhamento, que nos monitorará a saúde em tempo real. Com o desenvolvimento de novos dispositivos de coleta de sinais biológicos – como os relógios de pulso que hoje controlam o batimento cardíaco –, mais dados serão coletados. Com esses dispositivos, poderemos predizer nosso nível de glicose e colesterol com vários meses de antecedência. Exames de sangue poderão ser realizados em casa e algoritmos de Inteligência Artificial nos dirão que procedimentos tomar – com relação, por exemplo, à alimentação e à prática de exercícios – de modo que mantenhamos o corpo saudável. Testes genéticos permitirão predizer doenças, e se estas poderão manifestar-se no futuro. Em breve teremos aparelhos aptos a aferir nosso estado de saúde atual e fazer predições do futuro. Em outros termos, os diversos métodos que hoje são usados para prever a evolução do estado de saúde de um paciente em um hospital estarão amanhã em nosso lar, e poderemos usá-los no nosso dia a dia. Em suma, o uso de Inteligência Artificial em medicina é ilimitado: isso permitirá que vivamos mais e melhor.

CONCLUSÃO

Edson Antônio

Bom. Provavelmente, ao decorrer da leitura, você deve ter mudado inúmeras vezes de opinião e posicionamento quanto a esta nova era digital.

Imagino que no início do livro você tenha tido opiniões do tipo “não vou mais fornecer o número do meu CPF quando o pedirem-me na farmácia” ou “vou solicitar agora mesmo que os hotéis em que estive apaguem meus dados pessoais”. Estou amparado pela LGPD! Afinal, que querem com minhas informações?

À medida que a leitura avançava, aspectos positivos apareciam, como a utilização dos dados para que possamos tomar decisões melhores; reduzir custos em linhas produtivas e no varejo; diagnosticar algumas doenças com antecipação; desenvolver novos medicamentos e medidas de controle.

No entanto, espero que os desafios relativos a tais tecnologias também tenham ficado claros para você. Armazenamento e velocidade de processamento são dois importantes pilares para a evolução digital, e pudemos ver ao longo do livro que, apesar dos diversos avanços, estamos ainda no começo da história.

Muitos dos algoritmos que hoje utilizamos – e que fazem um "barulho" enorme nas comunidades científicas e de desenvolvimento de *software* – são, em última instância, conhecidos desde os anos 80. É claro que receberam ajustes – e que novos métodos e algoritmos foram criados –, mas, em grande medida, já eram conhecidos. No entanto, o aumento da capacidade de processamento e armazenamento e a difusão de sensores abriram portas para uma utilização muito mais relevante dessas tecnologias.

Esperaremos vinte anos mais até um novo *boom* de utilização? Resisto à tentação de realizar um exercício de futurologia, de antecipar o que teremos daqui a duas décadas, mas noto algumas diferenças entre o cenário atual e aquele de vinte anos atrás.

A primeira diz respeito ao ambiente colaborativo de trabalho. Expandiu. Lembro-me que, há apenas algumas décadas, utilizávamos *softwares* de versionamento a fim de evitar a perda de nossos melhores códigos. E buscávamos processos e métodos para garantir que, dentro da nossa empresa – ou com o cliente com quem trabalhávamos –, pudéssemos compartilhar ideias, e avançar rumo à criação de soluções robustas e inovadoras. No entanto, esse avanço era limitado ao número de indivíduos envolvidos. Quem não era professor ou aluno de uma universidade ou não atuava em uma grande empresa de tecnologia, não tinha acesso ao ambiente com os códigos de inovação, tampouco ao ambiente computacional propício ao treinamento e ao teste das alterações.

Com o avanço da programação aberta e a criação de comunidades de desenvolvimento, são inúmeras as inovações que estão a um clique: não precisamos mais comprar todo o maquinário necessário para testar códigos, por mais robustos e demandantes que sejam – basta alojarmos um ambiente de desenvolvimento na nuvem. Isso permite um avanço muito mais rápido da atualização de algoritmos e, por conseguinte, de sua capacidade e performance. Em uma linguagem de código aberto, compare a eficácia de um algoritmo de árvore aleatória a um programa *Black Box* e você verá o notório avanço trazido por esse novo ecossistema colaborativo.

Por outro lado, a organização e o armazenamento dos dados constituem um tópico que ainda é visto em muitas empresas como secundário. E, como vimos no decorrer do livro, os algoritmos de Inteligência Artificial são tão bons quanto os dados que consomem. Enquanto não houver um ambiente de colaboração suficientemente robusto para a captura, a marcação (rótulo) e o saneamento dos dados – assim como aquele que existe hoje para o desenvolvimento –, entendo que estará limitada a capacidade de expansão e performance dos algoritmos vigentes, por melhores que sejam.

Lembro que, há alguns anos, quando estive em Las Vegas atendendo a algumas conferências e apresentações de produtos de IA, uma apresentação mexeu comigo. Era uma descrição de como a Inteligência Artificial, realizando diagnósticos avançados e substituindo médicos em partes do processo de consulta, podia revolucionar a medicina, personalizá-la. Imagine ter um *software* médico que – tal a conta do seu *streaming* favorito se adequa aos seus gostos e particularidades – se adequa às suas necessidades corporais.

Meia década depois, apesar de alguns bons resultados, não estamos nem perto do prometido. Depois de termos refletido sobre as razões do cancelamento de alguns contratos de *software* e sobre os porquês de não termos escalado o desenvolvimento da forma esperada, podemos concluir que a culpa disso não é do algoritmo. Aqueles sistemas eram capazes de realizar tais classificações e predições, e ainda o são. No entanto, e em grande medida, os principais vilões nessa trama são os dados. Os dados de cada centro médico estão sujeitos aos seus próprios contextos. Diversos fatores podem fazer com que sintomas similares estejam associados a doenças diferentes. Uma doença epidêmica da América Latina pode ter sintomas similares aos de uma doença do sul da Europa. Mesmos sintomas podem designar saúde ou doença em função da idade. Digamos para ilustrar que, adulto que sou, já não posso esperar que minha altura aumente; logo, minha taxa de crescimento é igual a zero. Normal. Mas se eu medir a taxa de crescimento do meu filho de 9 anos e constatar que é igual a zero, precisarei correr com ele para algum médico especialista para entender porque não está crescendo. Estes são problemas simples que os algoritmos – tanto os de cinco anos atrás quanto os de hoje – podem facilmente resolver caso tenham acesso a dados saneados, categorizados e rotulados. Em larga medida, isso deixa de ser verdade quando tratamos de grandes populações. Assim, podemos associar a evolução desses *softwares* e algoritmos de IA ao avanço na organização, manutenção e tratamento dos dados necessários à sua performance.

Sempre quisemos robôs em nossos lares, ou sempre tivemos receio de que esse dia chegasse. Mas é bem verdade que já temos assistentes inteligentes por todos os lados. Os assistentes digitais da *Amazon*, por exemplo, se comunicam conosco em nosso idioma, nativamente – e, em grande medida, podemos praticamente conversar com eles. O conhecimento que mostram é impressionante. O mesmo vale para nossos aparelhos de telefonia celular. Informam o caminho que devemos seguir; atendem aos nossos comandos de voz; antecipam nossos interesses de navegação e digitação: interagem conosco em nosso dia a dia em nível quase humano. Isso demonstra que tais sistemas têm grande potencial – desde que, por trás, os dados atendam às suas demandas.

Estamos prontos para que os assistentes digitais ganhem corpo? Enquanto este livro estava em fase de edição, Elon Musk prometia o lançamento, até 2022, de um robô humanoide.[96] Façamos outra pergunta então: que esperar para os próximos cinco anos? Turismo lunar? Robôs trabalhando para bancos? Inteligência

---

96 Disponível em: https://tinyurl.com/ahec2j9c.

Artificial em nossas casas? Medicina computacional? Os textos que compõem este livro foram motivados pela vontade de mostrar que muitas dessas coisas já estão acontecendo e de afirmar que nosso contato com o mundo digital, apesar de não sabermos ao certo como estará daqui a cinco anos, irá aumentar e não reduzir.

Elementos como inteligência emocional, capacidade de diálogo, negociação e engajamento social serão ainda mais necessários para quem deseja se destacar no ambiente corporativo futuro. À medida que os ecossistemas de colaboração de dados avançarem, mais e mais empresas poderão destravar as capacidades dos algoritmos de Inteligência Artificial e aprendizado de máquina. Este movimento já está começando. Por exemplo, a *Volkswagen* anunciou uma parceria com a *Amazon* num projeto de criação de um banco de dados colaborativo, entre todos os grupos da empresa.[97]

Como preparar-se para essa realidade, e para sua continuação? Decerto, não precisamos tornar-nos todos cientistas de dados ou especialistas em robótica e Inteligência Artificial. Mas, certamente, precisamos, todos, ser alfabetizados em Revolução Digital. Pense em alguém que não sabe ler (interpretar texto) ou que não entende os princípios básicos da aritmética. Para tal pessoa, os elementos mais simples do dia a dia são dificuldades a serem superadas; e, pequenas variações no cotidiano – que seriam muito bem administradas com a leitura de um

97 Disponível em: https://tinyurl.com/fztthvn5.

memorando –, parecem mudanças tempestuosas. É permitido pensar também que, em caso de operação monetária, essa pessoa seria ludibriada facilmente – visto que não possui as básicas ferramentas aritméticas que nos impedem de cair, por exemplo, em um golpe bancário. É difícil pensar que podemos ser uma pessoa assim. Mas, será esta a nossa realidade e a dos nossos filhos no mundo digital futuro – não muito distante –, caso não nos alfabetizemos constantemente nas suas disciplinas. Se no passado os adultos preparavam as crianças para o "novo mundo" matriculando-as em aulas de datilografia, informática básica ou inglês – para que fossem alfabetizadas ao menos nessas matérias –, hoje devemos garantir alfabetização – nossa e de nossos filhos – no mundo digital, independentemente de nossa atual posição ou área de atuação.

Embora isso pareça um grande desafio, identificar essa necessidade de alfabetização e definir uma rotina de leitura, aprendizado e imersão digital são gestos que garantem que nós e nossa família estejamos sempre adaptados, e aptos a viver nesse novo mundo digital.

Emprego, Férias, Compras, Robôs e muita leitura sobre o assunto.

Exemplares impressos em offset sobre papel cartão
LD 250 g/m² e Pólen Soft LD 80 g/m² da Suzano
Papel e Celulose para a Editora Rua do Sabão.